GOTTHOLD EPHRAIM LESSING

Miß Sara Sampson

EIN TRAUERSPIEL IN FÜNF AUFZÜGEN

MIT EINER NACHBEMERKUNG
VON ERWIN LEIBFRIED

PHILIPP RECLAM JUN. STUTTGART

Der Text folgt: Lessings Werke. Vollständige Ausgabe in fünfundzwanzig Teilen. Herausgegeben von Julius Petersen und Waldemar von Olshausen. Erster Teil. Berlin/Leipzig/Wien/Stuttgart: Bong, [1925]. – Orthographie und Interpunktion wurden behutsam modernisiert.

Universal-Bibliothek Nr. 16
Alle Rechte vorbehalten. Gesetzt in Petit Garamond-Antiqua
Printed in Germany 1980. Herstellung: Reclam Stuttgart
ISBN 3-15-000016-5

PERSONEN

Sir William Sampson

Miß Sara, *dessen Tochter*

Mellefont

Marwood, *Mellefonts alte Geliebte*

Arabella, *ein junges Kind, der Marwood Tochter*

Waitwell, *ein alter Diener des Sampson*

Norton, *Bedienter des Mellefont*

Betty, *Mädchen der Sara*

Hannah, *Mädchen der Marwood*

Der Gastwirt und einige Nebenpersonen

ERSTER AUFZUG

ERSTER AUFTRITT

Der Schauplatz ist ein Saal im Gasthofe.

Sir William Sampson und Waitwell treten in Reisekleidern herein.

Sir William. Hier meine Tochter? Hier in diesem elenden Wirtshause?

Waitwell. Ohne Zweifel hat Mellefont mit Fleiß das allerelendeste im ganzen Städtchen zu seinem Aufenthalte gewählt. Böse Leute suchen immer das Dunkle, weil sie böse Leute sind. Aber was hilft es ihnen, wenn sie sich auch vor der ganzen Welt verbergen könnten? Das Gewissen ist doch mehr als eine ganze uns verklagende Welt. – Ach, Sie weinen schon wieder, schon wieder, Sir! – Sir!

Sir William. Laß mich weinen, alter ehrlicher Diener. Oder verdient sie etwa meine Tränen nicht?

Waitwell. Ach! sie verdient sie, und wenn es blutige Tränen wären.

Sir William. Nun so laß mich.

Waitwell. Das beste, schönste, unschuldigste Kind, das unter der Sonne gelebt hat, das muß so verführt werden! Ach Sarchen! Sarchen! Ich habe dich aufwachsen sehen; hundertmal habe ich dich als ein Kind auf diesen Armen gehabt; auf diesen meinen Armen habe ich dein Lächeln, dein Lallen bewundert. Aus jeder kindischen Miene strahlte die Morgenröte eines Verstandes, einer Leutseligkeit, einer – –

Sir William. O schweig! Zerfleisch nicht das Gegenwärtige mein Herz schon genug? Willst du meine Martern durch die Erinnerung an vergangne Glückseligkeiten noch höllischer machen? Ändre deine Sprache, wenn du mir einen Dienst tun willst. Tadle mich; mache mir aus meiner Zärtlichkeit ein Verbrechen; vergrößere das Vergehen meiner Tochter; erfülle mich, wenn du kannst, mit Abscheu

gegen sie; entflamme aufs neue meine Rache gegen ihren
verfluchten Verführer; sage, daß Sara nie tugendhaft gewesen, weil sie so leicht aufgehört hat, es zu sein; sage,
daß sie mich nie geliebt, weil sie mich heimlich verlassen
hat.

W a i t w e l l. Sagte ich das, so würde ich eine Lüge sagen,
eine unverschämte, böse Lüge. Sie könnte mir auf dem
Todbette wieder einfallen, und ich alter Bösewicht müßte
in Verzweiflung sterben. – Nein, Sarchen hat ihren Vater
geliebt, und gewiß! gewiß! sie liebt ihn noch. Wenn Sie
nur davon überzeugt sein wollen, Sir, so sehe ich sie heute
noch wieder in Ihren Armen.

S i r W i l l i a m. Ja, Waitwell, nur davon verlange ich
überzeugt zu sein. Ich kann sie länger nicht entbehren; ist
sie die Stütze meines Alters, und wenn sie nicht den traurigen Rest meines Lebens versüßen hilft, wer soll es denn
tun? Wenn sie mich noch liebt, so ist ihr Fehler vergessen.
Es war der Fehler eines zärtlichen Mädchens, und ihre
Flucht war die Wirkung ihrer Reue. Solche Vergehungen
sind besser als erzwungene Tugenden – Doch ich fühle es,
Waitwell, ich fühle es; wenn diese Vergehungen auch
wahre Verbrechen, wenn es auch vorsätzliche Laster wären: ach! ich würde ihr doch vergeben. Ich würde doch
lieber von einer lasterhaften Tochter als von keiner geliebt sein wollen.

W a i t w e l l. Trocknen Sie Ihre Tränen ab, lieber Sir! Ich
höre jemanden kommen. Es wird der Wirt sein, uns zu
empfangen.

ZWEITER AUFTRITT

Der Wirt. Sir William Sampson. Waitwell.

D e r W i r t. So früh, meine Herren, so früh? Willkommen!
willkommen, Waitwell! Ihr seid ohne Zweifel die Nacht
gefahren? Ist das der Herr, von dem du gestern mit mir
gesprochen hast?

W a i t w e l l. Ja, er ist es, und ich hoffe, daß du abgerede-
termaßen – –

D e r W i r t. Gnädiger Herr, ich bin ganz zu Ihren Dien-

sten. Was liegt mir daran, ob ich es weiß oder nicht, was
Sie für eine Ursache hierher führt und warum Sie bei mir
im Verborgnen sein wollen? Ein Wirt nimmt sein Geld
und läßt seine Gäste machen, was ihnen gutdünkt. Waitwell hat mir zwar gesagt, daß Sie den fremden Herrn,
der sich seit einigen Wochen mit seinem jungen Weibchen
bei mir aufhält, ein wenig beobachten wollen. Aber ich
hoffe, daß Sie ihm keinen Verdruß verursachen werden.
Sie würden mein Haus in einen übeln Ruf bringen, und
gewisse Leute würden sich scheuen, bei mir abzutreten.
Unsereiner muß von allen Sorten Menschen leben. – –

Sir William. Besorget nichts; führt mich nur in das
Zimmer, das Waitwell für mich bestellt hat. Ich komme
aus rechtschaffnen Absichten hierher.

Der Wirt. Ich mag Ihre Geheimnisse nicht wissen, gnädiger Herr! Die Neugierde ist mein Fehler gar nicht. Ich
hätte es, zum Exempel, längst erfahren können, wer der
fremde Herr ist, auf den Sie achtgeben wollen; aber ich
mag nicht. So viel habe ich wohl herausgebracht, daß er
mit dem Frauenzimmer muß durchgegangen sein. Das
gute Weibchen, oder was sie ist! sie bleibt den ganzen Tag
in ihrer Stube eingeschlossen und weint.

Sir William. Und weint?

Der Wirt. Ja, und weint – – Aber, gnädiger Herr, warum weinen Sie? Das Frauenzimmer muß Ihnen sehr nahe-
gehen. Sie sind doch wohl nicht – –

Waitwell. Halt ihn nicht länger auf.

Der Wirt. Kommen Sie. Nur eine Wand wird Sie von
dem Frauenzimmer trennen, das Ihnen so nahegeht, und
die vielleicht – –

Waitwell. Du willst es also mit aller Gewalt wissen,
wer – –

Der Wirt. Nein, Waitwell, ich mag nichts wissen.

Waitwell. Nun, so mache und bringe uns an den gehöri-
gen Ort, ehe noch das ganze Haus wach wird.

Der Wirt. Wollen Sie mir also folgen, gnädiger Herr?
(Geht ab.)

DRITTER AUFTRITT

Der mittlere Vorhang wird aufgezogen. Mellefonts Zimmer.

Mellefont und hernach sein Bedienter.

M e l l e f o n t *(unangekleidet in einem Lehnstuhle).* Wieder
eine Nacht, die ich auf der Folter nicht grausamer hätte
zubringen können! – Norton! – Ich muß nur machen, daß
ich Gesichter zu sehen bekomme. Bliebe ich mit meinen
Gedanken länger allein: sie möchten mich zu weit führen. – He, Norton! Er schläft noch. Aber bin ich nicht
grausam, daß ich den armen Teufel nicht schlafen lasse?
Wie glücklich ist er! – Doch ich will nicht, daß ein Mensch
um mich glücklich sei. – Norton!

N o r t o n *(kommend).* Mein Herr!

M e l l e f o n t. Kleide mich an! – O mache mir keine sauern
Gesichter! Wenn ich werde länger schlafen können, so er-
laube ich dir, daß du auch länger schlafen darfst. Wenn
du von deiner Schuldigkeit nichts wissen willst, so habe
wenigstens Mitleiden mit mir.

N o r t o n. Mitleiden, mein Herr? Mitleiden mit Ihnen? Ich
weiß besser, wo das Mitleiden hingehört.

M e l l e f o n t. Und wohin denn?

N o r t o n. Ach, lassen Sie sich ankleiden, und fragen Sie
mich nichts.

M e l l e f o n t. Henker! So sollen auch deine Verweise mit
meinem Gewissen aufwachen? Ich verstehe dich; ich weiß
es, wer dein Mitleiden erschöpft. – Doch, ich lasse ihr
und mir Gerechtigkeit widerfahren. Ganz recht; habe kein
Mitleiden mit mir. Verfluche mich in deinem Herzen,
aber – verfluche auch dich.

N o r t o n. Auch mich?

M e l l e f o n t. Ja; weil du einem Elenden dienest, den die
Erde nicht tragen sollte, und weil du dich seiner Verbrechen mit teilhaft gemacht hast.

N o r t o n. Ich mich Ihrer Verbrechen teilhaft gemacht?
Durch was?

M e l l e f o n t. Dadurch, daß du dazu geschwiegen.

N o r t o n. Vortrefflich! In der Hitze Ihrer Leidenschaften
würde mir ein Wort den Hals gekostet haben. – Und
dazu, als ich Sie kennenlernte, fand ich Sie nicht schon so

arg, daß alle Hoffnung zur Beßrung vergebens war? Was
für ein Leben habe ich Sie nicht von dem ersten Augenblicke an führen sehen! In der nichtswürdigsten Gesellschaft von Spielern und Landstreichern – ich nenne sie,
was sie waren, und kehre mich an ihre Titel, Ritter und
dergleichen, nicht – in solcher Gesellschaft brachten Sie
ein Vermögen durch, das Ihnen den Weg zu den größten
Ehrenstellen hätte bahnen können. Und Ihr strafbarer
Umgang mit allen Arten von Weibsbildern, besonders der
bösen Marwood – –

M e l l e f o n t. Setze mich, setze mich wieder in diese Lebensart: sie war Tugend in Vergleich meiner itzigen. Ich
vertat mein Vermögen; gut. Die Strafe kömmt nach, und
ich werde alles, was der Mangel Hartes und Erniedrigen-
des hat, zeitig genug empfinden. Ich besuchte lasterhafte
Weibsbilder; laß es sein. Ich ward öfter verführt, als ich
verführte; und die ich selbst verführte, wollten verführt
sein. – Aber – ich hatte noch keine verwahrlosete Tugend
auf meiner Seele. Ich hatte noch keine Unschuld in ein
unabsehliches Unglück gestürzt. Ich hatte noch keine Sara
aus dem Hause eines geliebten Vaters entwendet und sie
gezwungen, einem Nichtswürdigen zu folgen, der auf
keine Weise mehr sein eigen war. Ich hatte – Wer kömmt
schon so früh zu mir?

VIERTER AUFTRITT

Betty. Mellefont. Norton.

N o r t o n. Es ist Betty.

M e l l e f o n t. Schon auf, Betty? Was macht dein Fräulein?

B e t t y. Was macht sie? *(Schluchzend.)* Es war schon lange
nach Mitternacht, da ich sie endlich bewegte, zur Ruhe zu
gehen. Sie schlief einige Augenblicke, aber Gott! Gott!
was muß das für ein Schlaf gewesen sein! Plötzlich fuhr
sie in die Höhe, sprang auf und fiel mir als eine Unglückliche in die Arme, die von einem Mörder verfolgt wird.
Sie zitterte, und ein kalter Schweiß floß ihr über das er-
blaßte Gesicht. Ich wandte alles an, sie zu beruhigen, aber
sie hat mir bis an den Morgen nur mit stummen Tränen

geantwortet. Endlich hat sie mich einmal über das andre an Ihre Türe geschickt, zu hören, ob Sie schon auf wären. Sie will Sie sprechen. Sie allein können sie trösten. Tun Sie es doch, liebster gnädiger Herr, tun Sie es doch. Das Herz muß mir springen, wenn sie sich so zu ängstigen fortfährt.

M e l l e f o n t. Geh, Betty, sage ihr, daß ich den Augenblick bei ihr sein wolle – –

B e t t y. Nein, sie will selbst zu Ihnen kommen.

M e l l e f o n t. Nun so sage ihr, daß ich sie erwarte – Ach! – –

(Betty geht ab.)

FÜNFTER AUFTRITT

Mellefont. Norton.

N o r t o n. Gott, die arme Miß!

M e l l e f o n t. Wessen Gefühl willst du durch deine Aus-rufung rege machen? Sieh, da läuft die erste Träne, die ich seit meiner Kindheit geweinet, die Wange herunter! – Eine schlechte Vorbereitung, eine trostsuchende Betrübte zu empfangen. Warum sucht sie ihn auch bei mir? – Doch wo soll sie ihn sonst suchen? – Ich muß mich fassen. *(Indem er sich die Augen abtrocknet.)* Wo ist die alte Stand-haftigkeit, mit der ich ein schönes Auge konnte weinen sehen? Wo ist die Gabe der Verstellung hin, durch die ich sein und sagen konnte, was ich wollte? – Nun wird sie kommen und wird unwiderstehliche Tränen weinen. Verwirrt, beschämt werde ich vor ihr stehen; als ein ver-urteilter Sünder werde ich vor ihr stehen. Rate mir doch, was soll ich tun? was soll ich sagen?

N o r t o n. Sie sollen tun, was sie verlangen wird.

M e l l e f o n t. So werde ich eine neue Grausamkeit an ihr begehen. Mit Unrecht tadelt sie die Verzögerung einer Zeremonie, die itzt ohne unser äußerstes Verderben in dem Königreiche nicht vollzogen werden kann.

N o r t o n. So machen Sie denn, daß Sie es verlassen. War-um zaudern wir? Warum vergeht ein Tag, warum ver-geht eine Woche nach der andern? Tragen Sie mir es doch

auf. Sie sollen morgen sicher eingeschifft sein. Vielleicht,
daß ihr der Kummer nicht ganz über das Meer folgt; daß
sie einen Teil desselben zurückläßt, und in einem andern
Lande – –

Mellefont. Alles das hoffe ich selbst – Still, sie kömmt.
Wie schlägt mir das Herz – –

SECHSTER AUFTRITT

Sara. Mellefont. Norton.

Mellefont *(indem er ihr entgegengeht)*. Sie haben eine
unruhige Nacht gehabt, liebste Miß – –

Sara. Ach, Mellefont, wenn es nichts als eine unruhige
Nacht wäre – –

Mellefont *(zum Bedienten)*. Verlaß uns!

Norton *(im Abgehen)*. Ich wollte auch nicht dableiben,
und wenn mir gleich jeder Augenblick mit Golde bezahlt
würde.

SIEBENTER AUFTRITT

Sara. Mellefont.

Mellefont. Sie sind schwach, liebste Miß. Sie müssen
sich setzen.

Sara *(sie setzt sich)*. Ich beunruhige Sie sehr früh; und
werden Sie mir es vergeben, daß ich meine Klagen wieder
mit dem Morgen anfange?

Mellefont. Teuerste Miß, Sie wollen sagen, daß Sie mir
es nicht vergeben können, weil schon wieder ein Morgen
erschienen ist, ohne daß ich Ihren Klagen ein Ende gemacht habe.

Sara. Was sollte ich Ihnen nicht vergeben? Sie wissen, was
ich Ihnen bereits vergeben habe. Aber die neunte Woche,
Mellefont, die neunte Woche fängt heute an, und dieses
elende Haus sieht mich noch immer auf eben dem Fuße als
den ersten Tag.

Mellefont. So zweifeln Sie an meiner Liebe?

Sara. Ich, an Ihrer Liebe zweifeln? Nein, ich fühle mein

Unglück zu sehr, zu sehr, als daß ich mir selbst diese letzte, einzige Versüßung desselben rauben sollte.

M e l l e f o n t. Wie kann also meine Miß über die Verschiebung einer Zeremonie unruhig sein?

S a r a. Ach, Mellefont, warum muß ich einen andern Begriff von dieser Zeremonie haben? — Geben Sie doch immer der weiblichen Denkungsart etwas nach. Ich stelle mir vor, daß eine nähere Einwilligung des Himmels darin liegt. Umsonst habe ich es nur wieder erst den gestrigen langen Abend versucht, Ihre Begriffe anzunehmen und die Zweifel aus meiner Brust zu verbannen, die Sie, itzt nicht das erstemal, für Früchte meines Mißtrauens angesehen haben. Ich stritt mit mir selbst; ich war sinnreich genug, meinen Verstand zu betäuben; aber mein Herz und ein inneres Gefühl warfen auf einmal das mühsame Gebäude von Schlüssen übern Haufen. Mitten aus dem Schlafe weckten mich strafende Stimmen, mit welchen sich meine Phantasie, mich zu quälen, verband. Was für Bilder, was für schreckliche Bilder schwärmten um mich herum! Ich wollte sie gern für Träume halten — —

M e l l e f o n t. Wie? Meine vernünftige Sara sollte sie für etwas mehr halten? Träume, liebste Miß, Träume! — Wie unglücklich ist der Mensch! Fand sein Schöpfer in dem Reiche der Wirklichkeit nicht Qualen für ihn genug? Mußte er, sie zu vermehren, auch ein noch weiteres Reich von Einbildungen in ihm schaffen?

S a r a. Klagen Sie den Himmel nicht an! Er hat die Einbildungen in unserer Gewalt gelassen. Sie richten sich nach unsern Taten, und wenn diese unsern Pflichten und der Tugend gemäß sind, so dienen die sie begleitenden Einbildungen zur Vermehrung unserer Ruhe und unseres Vergnügens. Eine einzige Handlung, Mellefont, ein einziger Segen, der von einem Friedensboten im Namen der ewigen Güte auf uns gelegt wird, kann meine zerrüttete Phantasie wieder heilen. Stehen Sie noch an, mir zuliebe dasjenige einige Tage eher zu tun, was Sie doch einmal tun werden? Erbarmen Sie sich meiner, und überlegen Sie, daß, wenn Sie mich auch dadurch nur von Qualen der Einbildung befreien, diese eingebildete Qualen doch Qualen und für die, die sie empfindet, wirkliche Qualen sind.

– Ach, könnte ich Ihnen nur halb so lebhaft die Schrek-
ken meiner vorigen Nacht erzählen, als ich sie gefühlt
habe! – Von Weinen und Klagen, meinen einzigen Be-
schäftigungen, ermüdet, sank ich mit halb geschlossenen
Augenlidern auf das Bett zurück. Die Natur wollte sich
einen Augenblick erholen, neue Tränen zu sammeln. Aber
noch schlief ich nicht ganz, als ich mich auf einmal an dem
schroffsten Teile des schrecklichsten Felsen sahe. Sie gin-
gen vor mir her, und ich folgte Ihnen mit schwankenden
ängstlichen Schritten, die dann und wann ein Blick stärkte,
welchen Sie auf mich zurückwarfen. Schnell hörte ich hin-
ter mir ein freundliches Rufen, welches mir stillzustehen
befahl. Es war der Ton meines Vaters – Ich Elende! kann
ich denn nichts von ihm vergessen? Ach! wo ihm sein Ge-
dächtnis ebenso grausame Dienste leistet; wo er auch mich
nicht vergessen kann! – Doch er hat mich vergessen. Trost!
grausamer Trost für seine Sara! – Hören Sie nur, Mellefont; indem ich mich nach dieser bekannten Stimme um-
sehen wollte, gleitete mein Fuß; ich wankte und sollte
eben in den Abgrund herabstürzen, als ich mich, noch zur
rechten Zeit, von einer mir ähnlichen Person zurückgehal-
ten fühlte. Schon wollte ich ihr den feurigsten Dank abstatten, als sie einen Dolch aus dem Busen zog. Ich rettete
dich, schrie sie, um dich zu verderben! Sie holte mit der
bewaffneten Hand aus – und ach! ich erwachte mit dem
Stiche. Wachend fühlte ich noch alles, was ein tödlicher
Stich Schmerzhaftes haben kann; ohne das zu empfinden,
was er Angenehmes haben muß: das Ende der Pein in
dem Ende des Lebens hoffen zu dürfen.

M e l l e f o n t. Ach! liebste Sara, ich verspreche Ihnen das
Ende Ihrer Pein ohne das Ende Ihres Lebens, welches ge-
wiß auch das Ende des meinigen sein würde. Vergessen
Sie das schreckliche Gewebe eines sinnlosen Traumes.

S a r a. Die Kraft, es vergessen zu können, erwarte ich von
Ihnen. Es sei Liebe oder Verführung, es sei Glück oder
Unglück, das mich Ihnen in die Arme geworfen hat, ich
bin in meinem Herzen die Ihrige und werde es ewig sein.
Aber noch bin ich es nicht vor den Augen jenes Richters,
der die geringsten Übertretungen seiner Ordnung zu strafen gedrohet hat – –

M e l l e f o n t. So falle denn alle Strafe auf mich allein!

S a r a. Was kann auf Sie fallen, das mich nicht treffen
sollte? – – Legen Sie aber mein dringendes Anhalten nicht
falsch aus. Ein andres Frauenzimmer, das durch einen glei-
chen Fehltritt sich ihrer Ehre verlustig gemacht hätte,
würde vielleicht durch ein gesetzmäßiges Band nichts als
einen Teil derselben wiederzuerlangen suchen. Ich, Mellefont, denke darauf nicht, weil ich in der Welt weiter von
keiner Ehre wissen will als von der Ehre, Sie zu lieben.
Ich will mit Ihnen nicht um der Welt willen, ich will mit
Ihnen um meiner selbst willen verbunden sein. Und wenn
ich es bin, so will ich gern die Schmach auf mich nehmen,
als ob ich es nicht wäre. Sie sollen mich, wenn Sie nicht
wollen, für Ihre Gattin nicht erklären dürfen; Sie sollen
mich erklären können, für was Sie wollen. Ich will Ihren
Namen nicht führen; Sie sollen unsere Verbindung so
geheimhalten, als Sie es für gut befinden; und ich will
derselben ewig unwert sein, wenn ich mir in den Sinn
kommen lasse, einen andern Vorteil als die Beruhigung
meines Gewissens daraus zu ziehen.

M e l l e f o n t. Halten Sie ein, Miß, oder ich muß vor Ihren
Augen des Todes sein. Wie elend bin ich, daß ich nicht das
Herz habe, Sie noch elender zu machen! – Bedenken Sie,
daß Sie sich meiner Führung überlassen haben; bedenken
Sie, daß ich schuldig bin, für uns weiter hinauszusehen,
und daß ich itzt gegen Ihre Klagen taub sein muß, wenn
ich Sie nicht, in der ganzen Folge Ihres Lebens, noch
schmerzhaftere Klagen will führen hören. Haben Sie es
denn vergessen, was ich Ihnen zu meiner Rechtfertigung
schon oft vorgestellt?

S a r a. Ich habe es nicht vergessen, Mellefont. Sie wollen
vorher ein gewisses Vermächtnis retten. – Sie wollen vorher zeitliche Güter retten und mich vielleicht ewige darüber verscherzen lassen.

M e l l e f o n t. Ach Sara, wenn Ihnen alle zeitliche Güter so
gewiß wären, als Ihrer Tugend die ewigen sind – –

S a r a. Meiner Tugend? Nennen Sie mir dieses Wort nicht!
– Sonst klang es mir süße, aber itzt schallt mir ein schreck-
licher Donner darin!

M e l l e f o n t. Wie? muß der, welcher tugendhaft sein soll, keinen Fehler begangen haben? Hat ein einziger so unselige Wirkungen, daß er eine ganze Reihe unsträflicher Jahre vernichten kann? So ist kein Mensch tugendhaft; so ist die Tugend ein Gespenst, das in der Luft zerfließet, wenn man es am festesten umarmt zu haben glaubt; so hat kein weises Wesen unsere Pflichten nach unsern Kräften abgemessen; so ist die Lust, uns strafen zu können, der erste Zweck unsers Daseins; so ist – ich erschrecke vor allen den gräßlichen Folgerungen, in welche Sie Ihre Kleinmut verwickeln muß! Nein, Miß, Sie sind noch die tugendhafte Sara, die Sie vor meiner unglücklichen Bekanntschaft waren. Wenn Sie sich selbst mit so grausamen Augen ansehen, mit was für Augen müssen Sie mich betrachten!

S a r a. Mit den Augen der Liebe, Mellefont.

M e l l e f o n t. So bitte ich Sie denn um dieser Liebe, um dieser großmütigen, alle meine Unwürdigkeit übersehenden Liebe willen, zu Ihren Füßen bitte ich Sie: beruhigen Sie sich. Haben Sie nur noch einige Tage Geduld.

S a r a. Einige Tage! Wie ist *ein* Tag schon so lang!

M e l l e f o n t. Verwünschtes Vermächtnis! Verdammter Unsinn eines sterbenden Vetters, der mir sein Vermögen nur mit der Bedingung lassen wollte, einer Anverwandtin die Hand zu geben, die mich ebensosehr haßt als ich sie! Euch, unmenschliche Tyrannen unserer freien Neigungen, Euch werde alle das Unglück, alle die Sünde zugerechnet, zu welchen uns Euer Zwang bringet! – Und wenn ich ihrer nur entübriget sein könnte, dieser schimpflichen Erbschaft! Solange mein väterliches Vermögen zu meiner Unterhaltung hinreichte, habe ich sie allezeit verschmähet und sie nicht einmal gewürdiget, mich darüber zu erklären. Aber itzt, itzt, da ich alle Schätze der Welt nur darum besitzen möchte, um sie zu den Füßen meiner Sara legen zu können, itzt, da ich wenigstens darauf denken muß, sie ihrem Stande gemäß in der Welt erscheinen zu lassen, itzt muß ich meine Zuflucht dahin nehmen.

S a r a. Mit der es Ihnen zuletzt doch wohl noch fehlschlägt.

M e l l e f o n t. Sie vermuten immer das Schlimmste. – Nein; das Frauenzimmer, die es mit betrifft, ist nicht ungeneigt, eine Art von Vergleich einzugehen. Das Vermögen soll

geteilt werden; und da sie es nicht ganz mit mir genießen
kann, so ist sie es zufrieden, daß ich mit der Hälfte meine
Freiheit von ihr erkaufen darf. Ich erwarte alle Stunden
die letzten Nachrichten in dieser Sache, deren Verzögerung allein unsern hiesigen Aufenthalt so langwierig gemacht hat. Sobald ich sie bekommen habe, wollen wir
keinen Augenblick länger hier verweilen. Wir wollen sogleich, liebste Miß, nach Frankreich übergehen, wo ich
neue Freunde finden sollen, die sich itzt schon auf das
Vergnügen, Sie zu sehen und Sie zu lieben, freuen. Und
diese neuen Freunde sollen die Zeugen unserer Verbindung sein – –

S a r a. Diese sollen die Zeugen unserer Verbindung sein? –
Grausamer! so soll diese Verbindung nicht in meinem Vaterlande geschehen? So soll ich mein Vaterland als eine
Verbrecherin verlassen? Und als eine solche, glauben Sie,
würde ich Mut genug haben, mich der See zu vertrauen?
Dessen Herz muß ruhiger oder muß ruchloser sein als
meines, welcher nur einen Augenblick zwischen sich und
dem Verderben mit Gleichgültigkeit nichts als ein schwan-
kendes Brett sehen kann. In jeder Welle, die an unser
Schiff schlüge, würde mir der Tod entgegenrauschen; jeder
Wind würde mir von den väterlichen Küsten Verwünschungen nachbrausen, und der kleinste Sturm würde
mich ein Blutgericht über mein Haupt zu sein dünken. –
Nein, Mellefont, so ein Barbar können Sie gegen mich
nicht sein. Wenn ich noch das Ende Ihres Vergleichs er-
lebe, so muß es Ihnen auf einen Tag nicht ankommen, den
wir hier länger zubringen. Es muß dieses der Tag sein,
an dem Sie mich die Martern aller hier verweinten Tage
vergessen lehren. Es muß dieses der heilige Tag sein –
Ach! welcher wird es denn endlich sein?

M e l l e f o n t. Aber überlegen Sie denn nicht, Miß, daß
unserer Verbindung hier diejenige Feier fehlen würde, die
wir ihr zu geben schuldig sind?

S a r a. Eine heilige Handlung wird durch das Feierliche
nicht kräftiger.

M e l l e f o n t. Allein – –

S a r a. Ich erstaune. Sie wollen doch wohl nicht auf einem
so nichtigen Vorwande bestehen? O Mellefont, Mellefont!

wenn ich mir es nicht zum unverbrüchlichsten Gesetze gemacht hätte, niemals an der Aufrichtigkeit Ihrer Liebe zu zweifeln, so würde mir dieser Umstand – – Doch schon zuviel; es möchte scheinen, als hätte ich eben itzt daran gezweifelt.

M e l l e f o n t. Der erste Augenblick Ihres Zweifels müsse der letzte meines Lebens sein! Ach, Sara, womit habe ich es verdient, daß Sie mir auch nur die Möglichkeit desselben voraussehen lassen? Es ist wahr, die Geständnisse, die ich Ihnen von meinen ehemaligen Ausschweifungen abzulegen kein Bedenken getragen habe, können mir keine Ehre machen: aber Vertrauen sollten sie mir doch erwekken. Eine buhlerische Marwood führte mich in ihren Strikken, weil ich das für sie empfand, was so oft für Liebe gehalten wird und es doch so selten ist. Ich würde noch ihre schimpflichen Fesseln tragen, hätte sich nicht der Himmel meiner erbarmt, der vielleicht mein Herz nicht für ganz unwürdig erkannte, von bessern Flammen zu brennen. Sie, liebste Sara, sehen und alle Marwoods vergessen, war eins. Aber wie teuer kam es Ihnen zu stehen, mich aus solchen Händen zu erhalten! Ich war mit dem Laster zu vertraut geworden, und Sie kannten es zu wenig – –

S a r a. Lassen Sie uns nicht mehr daran gedenken – –

ACHTER AUFTRITT

Norton. Mellefont. Sara.

M e l l e f o n t. Was willst du?

N o r t o n. Ich stand eben vor dem Hause, als mir ein Bedienter diesen Brief in die Hand gab. Die Aufschrift ist an Sie, mein Herr.

M e l l e f o n t. An mich? Wer weiß hier meinen Namen? – *(Indem er den Brief betrachtet.)* Himmel!

S a r a. Sie erschrecken?

M e l l e f o n t. Aber ohne Ursache, Miß, wie ich nun wohl sehe. Ich irrte mich in der Hand.

S a r a. Möchte doch der Inhalt Ihnen so angenehm sein, als Sie es wünschen können.

M e l l e f o n t. Ich vermute, daß er sehr gleichgültig sein
wird.

S a r a. Man braucht sich weniger Zwang anzutun, wenn man
allein ist. Erlauben Sie, daß ich mich wieder in mein Zimmer begebe.

M e l l e f o n t. Sie machen sich also wohl Gedanken?

S a r a. Ich mache mir keine, Mellefont.

M e l l e f o n t *(indem er sie bis an die Szene begleitet)*. Ich
werde den Augenblick bei Ihnen sein, liebste Miß.

NEUNTER AUFTRITT

Mellefont. Norton.

M e l l e f o n t *(der den Brief noch ansieht)*. Gerechter Gott!

N o r t o n. Weh Ihnen, wenn er nichts als gerecht ist!

M e l l e f o n t. Kann es möglich sein? Ich sehe diese ver-
ruchte Hand wieder und erstarre nicht vor Schrecken? Ist
sie's? Ist sie es nicht? Was zweifle ich noch? Sie ist's! Ah,
Freund, ein Brief von der Marwood! Welche Furie, welcher Satan hat ihr meinen Aufenthalt verraten? Was will
sie noch von mir? – Geh, mache sogleich Anstalt, daß wir
von hier wegkommen. – Doch verzieh! Vielleicht ist es
nicht nötig; vielleicht haben meine verächtlichen Abschieds-
briefe die Marwood nur aufgebracht, mir mit gleicher
Verachtung zu begegnen. Hier! erbrich den Brief; lies
ihn. Ich zittere, es selbst zu tun.

N o r t o n *(er liest)*. »Es wird so gut sein, als ob ich Ihnen
den längsten Brief geschrieben hätte, Mellefont, wenn Sie
den Namen, den Sie am Ende der Seite finden werden,
nur einer kleinen Betrachtung würdigen wollen --«

M e l l e f o n t. Verflucht sei ihr Name! Daß ich ihn nie gehört hätte! Daß er aus dem Buche der Lebendigen vertilgt
würde!

N o r t o n *(liest weiter)*. »Die Mühe, Sie auszuforschen, hat
mir die Liebe, welche mir forschen half, versüßt.«

M e l l e f o n t. Die Liebe? Frevlerin! Du entheiligest Namen, die nur der Tugend geweiht sind!

N o r t o n *(fährt fort)*. »Sie hat noch mehr getan --«

M e l l e f o n t. Ich bebe --

N o r t o n. »Sie hat mich Ihnen nachgebracht – –«

M e l l e f o n t. Verräter, was liest du? *(Er reißt ihm den Brief aus der Hand und liest selbst.)* »Sie hat mich Ihnen – nachgebracht. – Ich bin hier; und es stehet bei Ihnen – ob Sie meinen Besuch erwarten – oder mir mit dem Ihrigen – zuvorkommen wollen. Marwood.« – Was für ein Donnerschlag! Sie ist hier? – Wo ist sie? Diese Frechheit soll sie mit dem Leben büßen.

N o r t o n. Mit dem Leben? Es wird ihr einen Blick kosten, und Sie liegen wieder zu ihren Füßen. Bedenken Sie, was Sie tun! Sie müssen sie nicht sprechen, oder das Unglück Ihrer armen Miß ist vollkommen.

M e l l e f o n t. Ich Unglücklicher! – Nein, ich muß sie sprechen. Sie würde mich bis in dem Zimmer der Sara suchen und alle ihre Wut gegen diese Unschuldige auslassen.

N o r t o n. Aber, mein Herr – –

M e l l e f o n t. Sage nichts! – Laß sehen, *(indem er in den Brief sieht)* ob sie ihre Wohnung angezeigt hat. Hier ist sie. Komm, führe mich.

(Sie gehen ab.)
(Ende des ersten Aufzugs.)

ZWEITER AUFZUG

ERSTER AUFTRITT

Der Schauplatz stellt das Zimmer der Marwood vor, in einem andern Gasthofe.

Marwood im Negligé. Hannah.

M a r w o o d. Belford hat den Brief doch richtig eingehändiget, Hannah?

H a n n a h. Richtig.

M a r w o o d. Ihm selbst?

H a n n a h. Seinem Bedienten.

M a r w o o d. Kaum kann ich es erwarten, was er für Wirkung haben wird. — Scheine ich dir nicht ein wenig unruhig, Hannah? Ich bin es auch. — Der Verräter! Doch gemach! Zornig muß ich durchaus nicht werden. Nachsicht, Liebe, Bitten sind die einzigen Waffen, die ich wider ihn brauchen darf, wo ich anders seine schwache Seite recht kenne.

H a n n a h. Wenn er sich aber dagegen verhärten sollte?

M a r w o o d. Wenn er sich dagegen verhärten sollte? So werde ich nicht zürnen — ich werde rasen. Ich fühle es, Hannah; und wollte es lieber schon itzt.

H a n n a h. Fassen Sie sich ja. Er kann vielleicht den Augenblick kommen.

M a r w o o d. Wo er nur gar kömmt! Wo er sich nur nicht entschlossen hat, mich festes Fußes bei sich zu erwarten! — Aber weißt du, Hannah, worauf ich noch meine meiste Hoffnung gründe, den Ungetreuen von dem neuen Gegenstande seiner Liebe abzuziehen? Auf unsere Bella.

H a n n a h. Es ist wahr; sie ist sein kleiner Abgott; und der Einfall, sie mitzunehmen, hätte nicht glücklicher sein können.

M a r w o o d. Wenn sein Herz auch gegen die Sprache einer alten Liebe taub ist, so wird ihm doch die Sprache des Bluts vernehmlich sein. Er riß das Kind vor einiger Zeit

aus meinen Armen, unter dem Vorwande, ihm eine Art
von Erziehung geben zu lassen, die es bei mir nicht haben
könne. Ich habe es von der Dame, die es unter ihrer Auf-
sicht hatte, itzt nicht anders als durch List wiederbekom-
men können; er hatte auf mehr als ein Jahr vorausbezahlt
und noch den Tag vor seiner Flucht ausdrücklich befoh-
len, eine gewisse Marwood, die vielleicht kommen und
sich für die Mutter des Kindes ausgeben würde, durchaus
nicht vorzulassen. Aus diesem Befehle erkenne ich den
Unterschied, den er zwischen uns beiden macht. Arabellen
sieht er als einen kostbaren Teil seiner selbst an und mich
als eine Elende, die ihn mit allen ihren Reizen, bis zum
Überdrusse, gesättiget hat.

H a n n a h. Welcher Undank!

M a r w o o d. Ach Hannah, nichts zieht den Undank so un-
ausbleiblich nach sich als Gefälligkeiten, für die kein Dank
zu groß wäre. Warum habe ich sie ihm erzeigt, diese un-
seligen Gefälligkeiten? Hätte ich es nicht voraussehen sollen, daß sie ihren Wert nicht immer bei ihm behalten
könnten? Daß ihr Wert auf der Schwierigkeit des Genus-
ses beruhe und daß er mit derjenigen Anmut verschwinden müsse, welche die Hand der Zeit unmerklich, aber
gewiß, aus unsern Gesichtern verlöscht?

H a n n a h. O, Madam, von dieser gefährlichen Hand haben
Sie noch lange nichts zu befürchten. Ich finde, daß Ihre
Schönheit den Punkt ihrer prächtigsten Blüte so wenig
überschritten hat, daß sie vielmehr erst darauf losgeht und
Ihnen alle Tage neue Herzen fesseln würde, wenn Sie ihr
nur Vollmacht dazu geben wollten.

M a r w o o d. Schweig, Hannah! Du schmeichelst mir bei
einer Gelegenheit, die mir alle Schmeichelei verdächtig
macht. Es ist Unsinn, von neuen Eroberungen zu sprechen, wenn man nicht einmal Kräfte genug hat, sich im
Besitze der schon gemachten zu erhalten.

ZWEITER AUFTRITT

Ein Bedienter. Marwood. Hannah.

Der Bediente. Madam, man will die Ehre haben, mit
Ihnen zu sprechen.

Marwood. Wer?

Der Bediente. Ich vermute, daß es ebender Herr ist,
an welchen der vorige Brief überschrieben war. Wenigstens ist der Bediente bei ihm, der mir ihn abgenommen
hat.

Marwood. Mellefont! – Geschwind, führe ihn herauf!
(Der Bediente geht ab.) Ach, Hannah, nun ist er da! Wie
soll ich ihn empfangen? Was soll ich sagen? Welche Miene
soll ich annehmen? Ist diese ruhig genug? Sieh doch!

Hannah. Nichts weniger als ruhig.

Marwood. Aber diese?

Hannah. Geben Sie ihr noch mehr Anmut.

Marwood. Etwa so?

Hannah. Zu traurig!

Marwood. Sollte mir dieses Lächeln lassen?

Hannah. Vollkommen! Aber nur freier – Er kömmt.

DRITTER AUFTRITT

Mellefont. Marwood. Hannah.

Mellefont *(der mit einer wilden Stellung hereintritt).*
Ha! Marwood –

Marwood *(die ihm mit offnen Armen lächelnd entgegen-
rennt).* Ach Mellefont –

Mellefont *(beiseite).* Die Mörderin, was für ein Blick!

Marwood. Ich muß Sie umarmen, treuloser, lieber Flücht-
ling! – Teilen Sie doch meine Freude! – Warum entreißen Sie sich meinen Liebkosungen?

Mellefont. Marwood, ich vermutete, daß Sie mich anders empfangen würden.

Marwood. Warum anders? Mit mehr Liebe vielleicht?
mit mehr Entzücken? Ach, ich Unglückliche, daß ich weniger ausdrücken kann, als ich fühle! – Sehen Sie, Mellefont, sehen Sie, daß auch die Freude ihre Tränen hat?

Hier rollen sie, diese Kinder der süßesten Wollust! – Aber ach, verlorne Tränen! seine Hand trocknet euch nicht ab.

M e l l e f o n t. Marwood, die Zeit ist vorbei, da mich solche Reden bezaubert hätten. Sie müssen itzt in einem andern Tone mit mir sprechen. Ich komme her, Ihre letzten Vorwürfe anzuhören und darauf zu antworten.

M a r w o o d. Vorwürfe? Was hätte ich Ihnen für Vorwürfe zu machen, Mellefont? Keine.

M e l l e f o n t. So hätten Sie, sollt' ich meinen, Ihren Weg ersparen können.

M a r w o o d. Liebste wunderliche Seele, warum wollen Sie mich nun mit Gewalt zwingen, einer Kleinigkeit zu gedenken, die ich Ihnen in ebendem Augenblicke vergab, in welchem sie sich erfuhr? Eine kurze Untreue, die mir Ihre Galanterie, aber nicht Ihr Herz spielet, verdient diese Vorwürfe? Kommen Sie, lassen Sie uns darüber scherzen.

M e l l e f o n t. Sie irren sich; mein Herz hat mehr Anteil daran, als es jemals an allen unsern Liebeshändeln gehabt hat, auf die ich itzt nicht ohne Abscheu zurücksehen kann.

M a r w o o d. Ihr Herz, Mellefont, ist ein gutes Närrchen. Es läßt sich alles bereden, was Ihrer Einbildung ihm zu bereden einfällt. Glauben Sie mir doch, ich kenne es besser als Sie. Wenn es nicht das beste, das getreuste Herz wäre, würde ich mir wohl so viel Mühe geben, es zu behalten?

M e l l e f o n t. Zu behalten? Sie haben es niemals besessen, sage ich Ihnen.

M a r w o o d. Und ich sage Ihnen, ich besitze es im Grunde noch.

M e l l e f o n t. Marwood, wenn ich wüßte, daß Sie auch nur noch eine Faser davon besäßen, so wollte ich es mir selbst, hier vor Ihren Augen, aus meinem Leibe reißen.

M a r w o o d. Sie würden sehen, daß Sie meines zugleich herausrissen. Und dann, dann würden diese herausgerissenen Herzen endlich zu der Vereinigung gelangen, die sie so oft auf unsern Lippen gesucht haben.

M e l l e f o n t *(beiseite)*. Was für eine Schlange! Hier wird das beste sein zu fliehen. – Sagen Sie mir es nur kurz, Marwood, warum Sie mir nachgekommen sind? Was Sie noch von mir verlangen? Aber sagen Sie es nur ohne die-

ses Lächeln, ohne diesen Blick, aus welchem mich eine
ganze Hölle von Verführung schreckt.

M a r w o o d *(vertraulich)*. Höre nur, mein lieber Mellefont;
ich merke wohl, wie es itzt mir dir steht. Deine Begierden
und dein Geschmack sind itzt deine Tyrannen. Laß es gut
sein; man muß sie austoben lassen. Sich ihnen widerset-
zen, ist Torheit. Sie werden am sichersten eingeschläfert
und endlich gar überwunden, wenn man ihnen freies Feld
läßt. Sie reiben sich selbst auf. Kannst du mir nachsagen,
kleiner Flattergeist, daß ich jemals eifersüchtig gewesen
wäre, wenn stärkere Reize als die meinigen dich mir auf
eine Zeitlang abspenstig machten? Ich gönnte dir ja allezeit diese Veränderung, bei der ich immer mehr gewann
als verlor. Du kehrtest mit neuem Feuer, mit neuer In-
brunst in meine Arme zurück, in die ich dich nur als in
leichte Bande und nie als in schwere Fesseln schloß. Bin
ich nicht oft selbst deine Vertraute gewesen, wenn du mir
auch schon nichts zu vertrauen hattest als die Gunstbezei-
gungen, die du mir entwandtest, um sie gegen andre zu
verschwenden? Warum glaubst du denn, daß ich itzt einen
Eigensinn gegen dich zu zeigen anfangen würde, zu welchem ich nun eben berechtiget zu sein aufhöre, oder – vielleicht schon aufgehört habe? Wenn deine Hitze gegen das
schöne Landmädchen noch nicht verraucht ist; wenn du
noch in dem ersten Fieber deiner Liebe gegen sie bist;
wenn du ihren Genuß noch nicht entbehren kannst: wer
hindert dich denn, ihr so lange ergeben zu sein, als du es
für gut befindest? Mußt du deswegen so unbesonnene An-
schläge machen und mit ihr aus dem Reiche fliehen wollen?

M e l l e f o n t. Marwood, Sie reden vollkommen Ihrem
Charakter gemäß, dessen Häßlichkeit ich nie so gekannt
habe, als seitdem ich in dem Umgange mit einer tugend-
haften Freundin die Liebe von der Wollust unterscheiden
gelernt.

M a r w o o d. Ei sieh doch! Deine neue Gebieterin ist also
wohl gar ein Mädchen von schönen sittlichen Empfindungen? Ihr Mannspersonen müßt doch selbst nicht wissen,
was ihr wollt. Bald sind es die schlüpfrigsten Reden, die
buhlerhaftesten Scherze, die euch an uns gefallen; und

bald entzücken wir euch, wenn wir nichts als Tugend reden und alle sieben Weisen auf unserer Zunge zu haben scheinen. Das Schlimmste aber ist, daß ihr das eine sowohl als das andre überdrüssig werdet. Wir mögen närrisch oder vernünftig, weltlich oder geistlich gesinnet sein: wir verlieren unsere Mühe, euch beständig zu machen, einmal wie das andre. Du wirst an deine schöne Heilige die Reihe Zeit genug kommen lassen. Soll ich wohl einen kleinen Überschlag machen? Nun eben bist du im heftigsten Paroxysmo mit ihr; und diesem geb ich noch zwei, aufs längste drei Tage. Hierauf wird eine ziemlich geruhige Liebe folgen; der geb ich acht Tage. Die andern acht Tage wirst du nur gelegentlich an diese Liebe denken. Die dritten wirst du dich daran erinnern lassen; und wann du dieses Erinnern satt hast, so wirst du dich zu der äußersten Gleichgültigkeit so schnell gebracht sehen, daß ich kaum die vierten acht Tage auf diese letzte Veränderung rechnen darf – Das wäre nun ungefähr ein Monat. Und diesen Monat, Mellefont, will ich dir noch mit dem größten Vergnügen nachsehen; nur wirst du erlauben, daß ich dich nicht aus dem Gesichte verlieren darf.

Mellefont. Vergebens, Marwood, suchen Sie alle Waffen hervor, mit welchen Sie sich erinnern, gegen mich sonst glücklich gewesen zu sein. Ein tugendhafter Entschluß sichert mich gegen Ihre Zärtlichkeit und gegen Ihren Witz. Gleichwohl will ich mich beiden nicht länger aussetzen. Ich gehe und habe Ihnen weiter nichts mehr zu sagen, als daß Sie mich in wenig Tagen auf eine Art sollen gebunden wissen, die Ihnen alle Hoffnung auf meine Rückkehr in Ihre lasterhafte Sklaverei vernichten wird. Meine Rechtfertigung werden Sie genugsam aus dem Briefe ersehen haben, den ich Ihnen vor meiner Abreise zustellen lassen.

Marwood. Gut, daß Sie dieses Briefes gedenken. Sagen Sie mir, von wem hatten Sie ihn schreiben lassen?

Mellefont. Hatte ich ihn nicht selbst geschrieben?

Marwood. Unmöglich! Den Anfang desselben, in welchem Sie mir ich weiß nicht was für Summen vorrechneten, die Sie mit mir wollen verschwendet haben, mußte ein Gastwirt, sowie den übrigen theologischen Rest ein

Quäker geschrieben haben. Demungeachtet will ich Ihnen
itzt ernstlich darauf antworten. Was den vornehmsten
Punkt anbelangt, so wissen Sie wohl, daß alle die Geschenke, welche Sie mir gemacht haben, noch da sind. Ich
habe Ihre Bankozettel, Ihre Juwelen nie als mein Eigen-
tum angesehen und itzt alles mitgebracht, um es wieder in
diejenigen Hände zu liefern, die mir es anvertrauet hatten.

Mellefont. Behalten Sie alles, Marwood.

Marwood. Ich will nichts davon behalten. Was hätte ich
ohne Ihre Person für ein Recht darauf? Wenn Sie mich
auch nicht mehr lieben, so müssen Sie mir doch die Gerechtigkeit widerfahren lassen und mich für keine von den
feilen Buhlerinnen halten, denen es gleichviel ist, von wessen Beute sie sich bereichern. Kommen Sie nur, Mellefont,
Sie sollen den Augenblick wieder so reich sein, als Sie
vielleicht ohne mein Bekanntschaft geblieben wären; und
vielleicht auch nicht.

Mellefont. Welcher Geist, der mein Verderben ge-
schworen hat, redet itzt aus Ihnen! Eine wollüstige Marwood denkt so edel nicht.

Marwood. Nennen Sie das edel? Ich nenne es weiter
nichts als billig. Nein, mein Herr, nein; ich verlange nicht,
daß Sie mir diese Wiedererstattung als etwas Besonders
anrechnen sollen. Sie kostet mich nichts; und auch den geringsten Dank, den Sie mir dafür sagen wollten, würde ich
für eine Beschimpfung halten, weil er doch keinen andern
Sinn als diesen haben könnte: »Marwood, ich hielt Euch
für eine niederträchtige Betrügerin; ich bedanke mich,
daß Ihr es wenigstens gegen mich nicht sein wollt.«

Mellefont. Genug, Madam, genug! Ich fliehe, weil mich
mein Unstern in einen Streit von Großmut zu verwickeln
drohet, in welchem ich am ungernsten unterliegen möchte.

Marwood. Fliehen Sie nur; aber nehmen Sie auch alles
mit, was Ihr Andenken bei mir erneuern könnte. Arm,
verachtet, ohne Ehre und ohne Freunde, will ich es alsdann noch einmal wagen, Ihr Erbarmen rege zu machen.
Ich will Ihnen in der unglücklichen Marwood nichts als
eine Elende zeigen, die Geschlecht, Ansehen, Tugend und
Gewissen für Sie aufgeopfert hat. Ich will Sie an den er-

sten Tag erinnern, da Sie mich sahen und liebten; an den
ersten Tag, da auch ich Sie sahe und liebte; an das erste
stammelnde, schamhafte Bekenntnis, das Sie mir zu meinen Füßen von Ihrer Liebe ablegten; an die erste Versi-
cherung von Gegenliebe, die Sie mir auspreßten; an die
zärtlichen Blicke, an die feurigen Umarmungen, die darauf folgten; an das beredte Stillschweigen, wenn wir mit
beschäftigten Sinnen einer des andern geheimste Regungen errieten und in den schmachtenden Augen die verborgensten Gedanken der Seele lasen; an das zitternde Erwarten der nahenden Wollust; an die Trunkenheit ihrer
Freuden; an das süße Erstarren nach der Fülle des Genus-
ses, in welchem sich die ermatteten Geister zu neuen Ent-
zückungen erholten. An alles dieses will ich Sie erinnern
und dann Ihre Knie umfassen und nicht aufhören, um
das einzige Geschenk zu bitten, das Sie mir nicht versagen
können und ich, ohne zu erröten, annehmen darf, – um
den Tod von Ihren Händen.

M e l l e f o n t. Grausame! noch wollte ich selbst mein Leben für Sie hingeben. Fordern Sie es; fordern Sie es; nur
auf meine Liebe machen Sie weiter keinen Anspruch. Ich
muß Sie verlassen, Marwood, oder mich zu einem Abscheu der ganzen Natur machen. Ich bin schon strafbar,
daß ich nur hier stehe und Sie anhöre. Leben Sie wohl!
leben Sie wohl!

M a r w o o d *(die ihn zurückhält)*. Sie müssen mich verlassen? Und was wollen Sie denn, das aus mir werde? So
wie ich itzt bin, bin ich Ihr Geschöpf; tun Sie also, was
einem Schöpfer zukömmt; er darf die Hand von seinem
Werke nicht eher abziehn, als bis er es gänzlich vernichten will. – Ach, Hannah, ich sehe wohl, meine Bitten
allein sind zu schwach. Geh, bringe meinen Vorsprecher
her, der mir vielleicht itzt auf einmal mehr wiedergeben
wird, als er von mir erhalten hat.

(Hannah geht ab.)

M e l l e f o n t. Was für einen Vorsprecher, Marwood?

M a r w o o d. Ach, einen Vorsprecher, dessen Sie mich nur
allzugern beraubet hätten. Die Natur wird seine Klagen
auf einem kürzern Wege zu Ihrem Herzen bringen – –

M e l l e f o n t. Ich erschrecke. Sie werden doch nicht – –

VIERTER AUFTRITT

Arabella. Hannah. Mellefont. Marwood.

M e l l e f o n t. Was seh ich? Sie ist es! – Marwood, wie haben Sie sich unterstehen können – –

M a r w o o d. Soll ich umsonst Mutter sein? – Komm, meine Bella, komm; sieh hier deinen Beschützer wieder, deinen Freund, deinen – Ach! das Herz mag es ihm sagen, was er noch mehr als dein Beschützer, als dein Freund sein kann.

M e l l e f o n t *(mit abgewandtem Gesichte)*. Gott! wie wird es mir hier ergehen?

A r a b e l l a *(indem sie ihm furchtsam näher tritt)*. Ach, mein Herr! Sind Sie es? Sind Sie unser Mellefont? – Nein doch, Madam, er ist es nicht. – Würde er mich nicht ansehen, wenn er es wäre? Würde er mich nicht in seine Arme schließen? Er hat es ja sonst getan. Ich unglückliches Kind! Womit hätte ich ihn denn erzürnt, diesen Mann, diesen liebsten Mann, der mir erlaubte, mich seine Tochter zu nennen?

M a r w o o d. Sie schweigen, Mellefont? Sie gönnen der Unschuldigen keinen Blick?

M e l l e f o n t. Ach! – –

A r a b e l l a. Er seufzet ja, Madam. Was fehlt ihm? Können wir ihm nicht helfen? Ich nicht? Sie auch nicht? So lassen Sie uns doch mit ihm seufzen. – Ach, nun sieht er mich an! – Nein, er sieht wieder weg! Er sieht gen Himmel! Was wünscht er? Was bittet er vom Himmel? Möchte er ihm doch alles gewähren, wenn er mir auch alles dafür versagte!

M a r w o o d. Geh, mein Kind, geh; fall ihm zu Füßen. Er will uns verlassen; er will uns auf ewig verlassen.

A r a b e l l a *(die vor ihm niederfällt)*. Hier liege ich schon. Sie uns verlassen? Sie uns auf ewig verlassen? War es nicht schon eine kleine Ewigkeit, die wir Sie jetzt vermißt haben? Wir sollen Sie wieder vermissen? Sie haben ja so oft gesagt, daß Sie uns liebten. Verläßt man denn die, die man liebt? So muß ich Sie wohl nicht lieben; denn ich wünschte, Sie nie zu verlassen. Nie, und will Sie auch nie verlassen.

M a r w o o d. Ich will dir bitten helfen, mein Kind; hilf nur auch mir – Nun, Mellefont, sehen Sie auch mich zu Ihren Füßen – –

M e l l e f o n t (*hält sie zurück, indem sie sich niederwerfen will*). Marwood, gefährliche Marwood – Und auch du, meine liebste Bella (*hebt sie auf*), auch du bist wider deinen Mellefont?

A r a b e l l a. Ich wider Sie?

M a r w o o d. Was beschließen Sie, Mellefont?

M e l l e f o n t. Was ich nicht sollte, Marwood; was ich nicht sollte.

M a r w o o d (*die ihn umarmt*). Ach, ich weiß es ja, daß die Redlichkeit Ihres Herzens allezeit über den Eigensinn Ihrer Begierden gesiegt hat.

M e l l e f o n t. Bestürmen Sie mich nicht weiter. Ich bin schon, was Sie aus mir machen wollen: ein Meineidiger, ein Verführer, ein Räuber, ein Mörder.

M a r w o o d. Itzt werden Sie es einige Tage in Ihrer Einbildung sein, und hernach werden Sie erkennen, daß ich Sie abgehalten habe, es wirklich zu werden. Machen Sie nur, und kehren Sie wieder mit uns zurück.

A r a b e l l a (*schmeichelnd*). O ja! tun Sie dieses.

M e l l e f o n t. Mit euch zurückkehren? Kann ich denn?

M a r w o o d. Nichts ist leichter, wenn Sie nur wollen.

M e l l e f o n t. Und meine Miß – –

M a r w o o d. Und Ihr Miß mag sehen, wo sie bleibt! – –

M e l l e f o n t. Ha! barbarische Marwood, diese Rede ließ mich bis auf den Grund Ihres Herzens sehen – – Und ich Verruchter gehe doch nicht wieder in mich?

M a r w o o d. Wenn Sie bis auf den Grund meines Herzens gesehen hätten, so würden Sie entdeckt haben, daß es mehr wahres Erbarmen gegen Ihre Miß fühlt als Sie selbst. Ich sage, wahres Erbarmen: denn das Ihre ist ein eigennütziges, weichherziges Erbarmen. Sie haben überhaupt diesen Liebeshandel viel zu weit getrieben. Daß Sie, als ein Mann, der bei einem langen Umgange mit unserm Geschlechte in der Kunst zu verführen ausgelernt hatte, gegen ein so junges Frauenzimmer sich Ihre Überlegenheit an Verstellung und Erfahrung zunutze machten und nicht eher ruhten, als bis Sie Ihren Zweck erreichten:

das möchte noch hingehen; Sie können sich mit der Heftigkeit Ihrer Leidenschaft entschuldigen. Allein, daß Sie einem alten Vater sein einziges Kind raubten; daß Sie einem rechtschaffnen Greise die wenigen Schritte zu seinem Grabe noch so schwer und bitter machten; daß Sie Ihrer Lust wegen die stärksten Banden der Natur trennten: das, Mellefont, das können Sie nicht verantworten. Machen Sie also Ihren Fehler wieder gut, soweit es möglich ist, ihn gutzumachen. Geben Sie dem weinenden Alter seine Stütze wieder, und schicken Sie eine leichtgläubige Tochter in ihr Haus zurück, das Sie deswegen, weil Sie es beschimpft haben, nicht auch öde machen müssen.

M e l l e f o n t. Das fehlte noch, daß Sie auch mein Gewissen wider mich zu Hilfe riefen! Aber gesetzt, es wäre billig, was Sie sagen; müßte ich nicht eine eiserne Stirne haben, wenn ich es der unglücklichen Miß selbst vorschlagen sollte?

M a r w o o d. Nunmehr will ich es Ihnen gestehen, daß ich schon im voraus bedacht gewesen bin, Ihnen diese Verwirrung zu ersparen. Sobald ich Ihren Aufenthalt erfuhr, habe ich auch dem alten Sampson unter der Hand Nachricht davon geben lassen. Er ist vor Freuden darüber ganz außer sich gewesen und hat sich sogleich auf den Weg machen wollen. Ich wundre mich, daß er noch nicht hier ist.

M e l l e f o n t. Was sagen Sie?

M a r w o o d. Erwarten Sie nur ruhig seine Ankunft und lassen sich gegen die Miß nichts merken. Ich will Sie selbst jetzt nicht länger aufhalten. Gehen Sie wieder zu ihr; sie möchte Verdacht bekommen. Doch versprech ich mir, Sie heute noch einmal zu sehen.

M e l l e f o n t. O Marwood, mit was für Gesinnungen kam ich zu Ihnen und mit welchen muß ich Sie verlassen! Einen Kuß, meine liebe Bella – –

A r a b e l l a. Der war für Sie; aber nun einen für mich. Kommen Sie nur ja bald wieder; ich bitte.

(Mellefont geht ab.)

FÜNFTER AUFTRITT

Marwood. Arabella. Hannah.

M a r w o o d *(nachdem sie tief Atem geholt).* Sieg! Hannah! aber ein saurer Sieg! – Gib mir einen Stuhl; ich fühle mich ganz abgemattet – *(Sie setzt sich.)* Eben war es die höchste Zeit, als er sich ergab; noch einen Augenblick hätte er anstehen dürfen, so würde ich ihm eine ganz andre Marwood gezeigt haben.

H a n n a h. Ach, Madam, was sind Sie für eine Frau! Den möchte ich doch sehn, der Ihnen widerstehen könnte.

M a r w o o d. Er hat mir schon zu lange widerstanden. Und gewiß, gewiß, ich will es ihm nicht vergeben, daß ich ihm fast zu Fuße gefallen wäre.

A r a b e l l a. O nein! Sie müssen ihm alles vergeben. Er ist ja so gut, so gut – –

M a r w o o d. Schweig, kleine Närrin!

H a n n a h. Auf welcher Seite wußten Sie ihn nicht zu fassen! Aber nichts, glaube ich, rührte ihn mehr als die Uneigennützigkeit, mit welcher Sie sich erboten, alle von ihm erhaltenen Geschenke zurückzugeben.

M a r w o o d. Ich glaube es auch. Ha! ha! *(Verächtlich.)*

H a n n a h. Warum lachen Sie, Madam? Wenn es nicht Ihr Ernst war, so wagten Sie in der Tat sehr viel. Gesetzt, er hätte Sie bei Ihrem Worte gefaßt?

M a r w o o d. O geh! man muß wissen, wen man vor sich hat.

H a n n a h. Nun, das gesteh ich! Aber auch Sie, meine schöne Bella, haben Ihre Sache vortrefflich gemacht; vortrefflich!

A r a b e l l a. Warum das? Konnte ich sie denn anders machen? Ich hatte ihn ja so lange nicht gesehen. Sie sind doch nicht böse, Madam, daß ich ihn so lieb habe? Ich habe Sie so lieb wie ihn; ebenso lieb.

M a r w o o d. Schon gut; dasmal will ich dir verzeihen, daß du mich nicht lieber hast als ihn.

A r a b e l l a. Dasmal? *(Schluchzend.)*

M a r w o o d. Du weinst ja wohl gar? Warum denn?

A r a b e l l a. Ach nein! ich weine nicht. Werden Sie nur nicht ungehalten. Ich will Sie ja gern alle beide so lieb, so

lieb haben, daß ich unmöglich weder Sie noch ihn lieber
haben kann.

M a r w o o d. Je nun ja!

A r a b e l l a. Ich bin recht unglücklich – –

M a r w o o d. Sei doch nur stille – Aber was ist das?

SECHSTER AUFTRITT

Mellefont. Marwood. Arabella. Hannah.

M a r w o o d. Warum kommen Sie schon wieder, Mellefont?
(Sie steht auf.)

M e l l e f o n t *(hitzig).* Weil ich mehr nicht als einige Augenblicke nötig hatte, wieder zu mir selbst zu kommen.

M a r w o o d. Nun?

M e l l e f o n t. Ich war betäubt, Marwood, aber nicht be-
wegt. Sie haben alle Ihre Mühe verloren; eine andre Luft
als diese ansteckende Luft Ihres Zimmers gab mir Mut
und Kräfte wieder, meinen Fuß aus dieser gefährlichen
Schlinge noch zeitig genug zu ziehen. Waren mir Nichts-
würdigem die Ränke einer Marwood noch nicht bekannt
genug?

M a r w o o d *(hastig).* Was ist das wieder für eine Sprache?

M e l l e f o n t. Die Sprache der Wahrheit und des Unwil-
lens.

M a r w o o d. Nur gemach, Mellefont, oder auch ich werde
diese Sprache sprechen.

M e l l e f o n t. Ich komme nur zurück, Sie keinen Augenblick länger in einem Irrtume von mir stecken zu lassen,
der mich, selbst in Ihren Augen, verächtlich machen muß.

A r a b e l l a *(furchtsam).* Ach! Hannah –

M e l l e f o n t. Sehen Sie mich nur so wütend an, als Sie
wollen. Je wütender, je besser. War es möglich, daß ich
zwischen einer Marwood und einer Sara nur einen Augenblick unentschlüssig bleiben konnte? Und daß ich mich
fast für die erstere entschlossen hätte?

A r a b e l l a. Ach Mellefont! – –

M e l l e f o n t. Zittern Sie nicht, Bella. Auch für Sie bin ich
mit zurückgekommen. Geben Sie mir die Hand, und folgen Sie mir nur getrost.

M a r w o o d *(die beide zurückhält)*. Wem soll sie folgen, Verräter?

M e l l e f o n t. Ihrem Vater.

M a r w o o d. Geh, Elender; und lern erst ihre Mutter kennen.

M e l l e f o n t. Ich kenne sie. Sie ist die Schande ihres Geschlechts – –

M a r w o o d. Führe sie weg, Hannah!

M e l l e f o n t. Bleiben Sie, Bella. *(Indem er sie zurückhalten will.)*

M a r w o o d. Nur keine Gewalt, Mellefont, oder – –
 (Hannah und Arabella gehen ab.)

SIEBENTER AUFTRITT

Mellefont. Marwood.

M a r w o o d. Nun sind wir allein. Nun sagen Sie es noch einmal, ob Sie fest entschlossen sind, mich einer jungen Närrin aufzuopfern?

M e l l e f o n t *(bitter)*. Aufzuopfern? Sie machen, daß ich mich hier erinnere, daß den alten Göttern auch sehr unreine Tiere geopfert wurden.

M a r w o o d *(spöttisch)*. Drücken Sie sich ohne so gelehrte Anspielungen aus.

M e l l e f o n t. So sage ich Ihnen, daß ich fest entschlossen bin, nie wieder ohne die schrecklichsten Verwünschungen an Sie zu denken. Wer sind Sie? und wer ist Sara? Sie sind eine wollüstige, eigennützige, schändliche Buhlerin, die sich itzt kaum mehr muß erinnern können, einmal unschuldig gewesen zu sein. Ich habe mir mit Ihnen nichts vorzuwerfen, als daß ich dasjenige genossen, was Sie ohne mich vielleicht die ganze Welt hätten genießen lassen. Sie haben mich gesucht, nicht ich Sie; und wenn ich nunmehr weiß, wer Marwood ist, so kömmt mir diese Kenntnis teuer genug zu stehen. Sie kostet mir mein Vermögen, meine Ehre, mein Glück – –

M a r w o o d. Und so wollte ich, daß sie dir auch deine Seligkeit kosten müßte! Ungeheuer! Ist der Teufel ärger als du, der schwache Menschen zu Verbrechen reizet und

sie dieser Verbrechen wegen, die sein Werk sind, hernach
selbst anklagt? Was geht dich meine Unschuld an, wann
und wie ich sie verloren habe? Habe ich dir meine Tugend
nicht preisgeben können, so habe ich doch meinen guten
Namen für dich in die Schanze geschlagen. Jene ist nichts
kostbarer als dieser. Was sage ich? kostbarer? Sie ist ohne
ihn ein albernes Hirngespinst, das weder ruhig noch glücklich macht. Er allein gibt ihr noch einigen Wert und kann
vollkommen ohne sie bestehen. Mochte ich doch sein, wer
ich wollte, ehe ich dich, Scheusal, kennenlernte; genug,
daß ich in den Augen der Welt für ein Frauenzimmer
ohne Tadel galt. Durch dich nur hat sie es erfahren, daß
ich es nicht sei; durch meine Bereitwilligkeit bloß, dein
Herz, wie ich damals glaubte, ohne deine Hand anzunehmen.

M e l l e f o n t. Eben diese Bereitwilligkeit verdammt dich,
Niederträchtige.

M a r w o o d. Erinnerst du dich aber, welchen nichtswürdigen Kunstgriffen du sie zu verdanken hattest? Ward ich
nicht von dir beredt, daß du dich in keine öffentliche Verbindung einlassen könntest, ohne einer Erbschaft verlustig zu werden, deren Genuß du mit niemand als mit mir
teilen wolltest? Ist es nun Zeit, ihrer zu entsagen? Und
ihrer für eine andre als für mich zu entsagen?

M e l l e f o n t. Es ist mir eine wahre Wollust, Ihnen melden
zu können, daß diese Schwierigkeit nunmehr bald wird
gehoben sein. Begnügen Sie sich also nur, mich um mein
väterliches Erbteil gebracht zu haben, und lassen mich ein
weit geringeres mit einer würdigern Gattin genießen.

M a r w o o d. Ha! nun seh ich's, was dich eigentlich so trot-
zig macht. Wohl, ich will kein Wort mehr verlieren. Es sei
darum! Rechne darauf, daß ich alles anwenden will, dich
zu vergessen. Und das erste, was ich in dieser Absicht tun
werde, soll dieses sein – Du wirst mich verstehen! Zittre
für deine Bella! Ihr Leben soll das Andenken meiner ver-
achteten Liebe auf die Nachwelt nicht bringen; meine
Grausamkeit soll es tun. Sieh in mir eine neue Medea!

M e l l e f o n t *(erschrocken)*. Marwood – –

M a r w o o d. Oder wenn du noch eine grausamere Mutter
weißt, so sieh sie gedoppelt in mir! Gift und Dolch sollen

mich rächen. Doch nein, Gift und Dolch sind zu barmher-
zige Werkzeuge! Sie würden dein und mein Kind zu bald
töten. Ich will es nicht gestorben sehen; sterben will ich es
sehen! Durch langsame Martern will ich in seinem Gesichte jeden ähnlichen Zug, den es von dir hat, sich ver-
stellen, verzerren und verschwinden sehen. Ich will mit
begieriger Hand Glied von Glied, Ader von Ader, Nerve
von Nerve lösen und das Kleinste derselben auch da noch
nicht aufhören zu schneiden und zu brennen, wenn es
schon nichts mehr sein wird als ein empfindungsloses Aas.
Ich – ich werde wenigstens dabei empfinden, wie süß die
Rache sei!

M e l l e f o n t. Sie rasen, Marwood – –

M a r w o o d. Du erinnerst mich, daß ich nicht gegen den
Rechten rase. Der Vater muß voran! Er muß schon in
jener Welt sein, wenn der Geist seiner Tochter unter tausend Seufzern ihm nachzieht. – *(Sie geht mit einem Dolche, den sie aus dem Busen reißt, auf ihn los.)* Drum stirb,
Verräter!

M e l l e f o n t *(der ihr in den Arm fällt und den Dolch ent-
reißt).* Unsinniges Weibsbild! – Was hindert mich nun,
den Stahl wider dich zu kehren? Doch lebe, und deine
Strafe müsse einer ehrlosen Hand aufgehoben sein!

M a r w o o d *(mit gerungenen Händen).* Himmel, was habe
ich getan? Mellefont – –

M e l l e f o n t. Deine Reue soll mich nicht hintergehen! Ich
weiß es doch wohl, was dich reuet; nicht daß du den Stoß
tun wollen, sondern daß du ihn nicht tun können.

M a r w o o d. Geben Sie mir ihn wieder, den verirrten
Stahl! geben Sie mir ihn wieder! und Sie sollen es gleich
sehen, für wen er geschliffen ward. Für diese Brust allein,
die schon längst einem Herzen zu enge ist, das eher dem
Leben als Ihrer Liebe entsagen will.

M e l l e f o n t. Hannah! – –

M a r w o o d. Was wollen Sie tun, Mellefont?

ACHTER AUFTRITT

Hannah (erschrocken). Marwood. Mellefont.

M e l l e f o n t. Hast du es gehört, Hannah, welche Furie
deine Gebieterin ist? Wisse, daß ich Arabellen von deinen
Händen fodern werde.

H a n n a h. Ach Madam, wie sind Sie außer sich!

M e l l e f o n t. Ich will das unschuldige Kind bald in völlige Sicherheit bringen. Die Gerechtigkeit wird einer so
grausamen Mutter die mördrischen Hände schon zu bin-
den wissen. *(Er will gehen.)*

M a r w o o d. Wohin, Mellefont? Ist es zu verwundern, daß
die Heftigkeit meines Schmerzes mich des Verstandes nicht
mächtig ließ? Wer bringt mich zu so unnatürlichen Ausschweifungen? Sind Sie es nicht selbst? Wo kann Bella
sicherer sein als bei mir? Mein Mund tobet wider sie, und
mein Herz bleibt doch immer das Herz einer Mutter. Ach,
Mellefont! vergessen Sie meine Raserei und denken zu
ihrer Entschuldigung nur an die Ursache derselben.

M e l l e f o n t. Es ist nur *ein* Mittel, welches mich bewegen
kann, sie zu vergessen.

M a r w o o d. Welches?

M e l l e f o n t. Wenn Sie den Augenblick nach London zurückkehren. Arabellen will ich in einer andern Begleitung
wieder dahin bringen lassen. Sie müssen durchaus ferner
mit ihr nichts zu tun haben.

M a r w o o d. Gut, ich lasse mir alles gefallen; aber eine
einzige Bitte gewähren Sie mir noch. Lassen Sie mich Ihre
Sara wenigstens einmal sehen.

M e l l e f o n t. Und wozu?

M a r w o o d. Um in ihren Blicken mein ganzes künftiges
Schicksal zu lesen. Ich will selbst urteilen, ob sie einer Un-
treue, wie Sie an mir begehen, würdig ist; und ob ich
Hoffnung haben kann, wenigstens einmal einen Anteil an
Ihrer Liebe wiederzubekommen.

M e l l e f o n t. Nichtige Hoffnung!

M a r w o o d. Wer ist so grausam, daß er einer Elenden auch
nicht einmal die Hoffnung gönnen wollte? Ich will mich
ihr nicht als Marwood, sondern als eine Anverwandte von
Ihnen zeigen. Melden Sie mich bei ihr als eine solche; Sie

sollen bei meinem Besuche zugegen sein, und ich verspreche Ihnen bei allem, was heilig ist, ihr nicht das geringste
Anstößige zu sagen. Schlagen Sie mir meine Bitte nicht
ab; denn sonst möchte ich vielleicht alles anwenden, in
meiner wahren Gestalt vor ihr zu erscheinen.

M e l l e f o n t. Diese Bitte, Marwood *(nachdem er einen
Augenblick nachgedacht)* – – könnte ich Ihnen gewähren.
Wollen Sie aber auch alsdann gewiß diesen Ort verlassen?

M a r w o o d. Gewiß; ja, ich verspreche Ihnen noch mehr;
ich will Sie, wo nur noch einige Möglichkeit ist, von dem
Überfalle ihres Vaters befreien.

M e l l e f o n t. Dieses haben Sie nicht nötig. Ich hoffe, daß
er auch mich in die Verzeihung mit einschließen wird, die
er seiner Tochter widerfahren läßt. Will er aber dieser
nicht verzeihen, so werde ich auch wissen, wie ich ihm
begegnen soll. – Ich gehe, Sie bei meiner Miß zu melden.
Nur halten Sie Wort, Marwood! *(Geht ab.)*

M a r w o o d. Ach, Hannah! daß unsere Kräfte nicht so
groß sind als unsere Wut! Komm, hilf mich ankleiden. Ich
gebe mein Vorhaben nicht auf. Wenn ich ihn nur erst
sicher gemacht habe. Komm!

(Ende des zweiten Aufzugs.)

DRITTER AUFZUG

ERSTER AUFTRITT

Ein Saal im erstern Gasthofe.

Sir William Sampson. Waitwell.

S i r   W i l l i a m. Hier, Waitwell, bringt ihr diesen Brief. Es
ist der Brief eines zärtlichen Vaters, der sich über nichts
als über ihre Abwesenheit beklaget. Sag ihr, daß ich dich
damit vorweggeschickt und daß ich nur noch ihre Antwort erwarten wolle, ehe ich selbst käme, sie wieder in
meine Arme zu schließen.

W a i t w e l l. Ich glaube, Sie tun recht wohl, daß Sie Ihre
Zusammenkunft auf diese Art vorbereiten.

S i r   W i l l i a m. Ich werde ihrer Gesinnungen dadurch gewiß und mache ihr Gelegenheit, alles, was ihr die Reue
Klägliches und Errötendes eingeben könnte, schon ausge-
schüttet zu haben, ehe sie mündlich mit mir spricht. Es
wird ihr in einem Briefe weniger Verwirrung und mir
vielleicht weniger Tränen kosten.

W a i t w e l l. Darf ich aber fragen, Sir, was Sie in Ansehung
Mellefonts beschlossen haben?

S i r   W i l l i a m. Ach! Waitwell, wenn ich ihn von dem
Geliebten meiner Tochter trennen könnte, so würde ich
etwas sehr Hartes wider ihn beschließen. Aber da dieses
nicht angeht, so siehst du wohl, daß er gegen meinen Un-
willen gesichert ist. Ich habe selbst den größten Fehler bei
diesem Unglücke begangen. Ohne mich würde Sara diesen gefährlichen Mann nicht haben kennenlernen. Ich ver-
stattete ihm wegen einer Verbindlichkeit, die ich gegen
ihn zu haben glaubte, einen allzu freien Zutritt in meinem Hause. Es war natürlich, daß ihm die dankbare Auf-
merksamkeit, die ich für ihn bezeigte, auch die Achtung
meiner Tochter zuziehen mußte. Und es war ebenso natürlich, daß sich ein Mensch von seiner Denkungsart durch
diese Achtung verleiten ließ, sie zu etwas Höherm zu

treiben. Er hatte Geschicklichkeit genug gehabt, sie in
Liebe zu verwandeln, ehe ich noch das Geringste merkte
und ehe ich noch Zeit hatte, mich nach seiner übrigen Lebensart zu erkundigen. Das Unglück war geschehen, und
ich hätte wohlgetan, wenn ich ihnen nur gleich alles vergeben hätte. Ich wollte unerbittlich gegen ihn sein und
überlegte nicht, daß ich es gegen ihn nicht allein sein
könnte. Wenn ich meine zu späte Strenge erspart hätte, so
würde ich wenigstens ihre Flucht verhindert haben. – Da
bin ich nun, Waitwell! Ich muß sie selbst zurückholen und
mich noch glücklich schätzen, wenn ich aus dem Verführer nur meinen Sohn machen kann. Denn wer weiß, ob er
seine Marwoods und seine übrigen Kreaturen eines Mädchens wegen wird aufgeben wollen, das seinen Begierden
nichts mehr zu verlangen übriggelassen hat und die fes-
selnden Künste einer Buhlerin so wenig versteht?

W a i t w e l l. Nun, Sir, das ist wohl nicht möglich, daß ein
Mensch so gar böse sein könnte. –

S i r   W i l l i a m. Der Zweifel, guter Waitwell, macht deiner Tugend Ehre. Aber warum ist es gleichwohl wahr,
daß sich die Grenzen der menschlichen Bosheit noch viel
weiter erstrecken? – Geh nur jetzt und tue, was ich dir
gesagt habe. Gib auf alle ihre Mienen acht, wenn sie meinen Brief lesen wird. In der kurzen Entfernung von der
Tugend kann sie die Verstellung noch nicht gelernt haben,
zu deren Larven nur das eingewurzelte Laster seine Zuflucht nimmt. Du wirst ihre ganze Seele in ihrem Gesichte
lesen. Laß dir ja keinen Zug entgehen, der etwa eine
Gleichgültigkeit gegen mich, eine Verschmähung ihres Vaters, anzeigen könnte. Denn wenn du diese unglückliche
Entdeckung machen solltest und wenn sie mich nicht mehr
liebt: so hoffe ich, daß ich mich endlich werde überwinden können, sie ihrem Schicksale zu überlassen. Ich hoffe
es, Waitwell – Ach! wenn nur hier kein Herz schlüge,
das dieser Hoffnung widerspricht.

(Sie gehen beide auf verschiedenen Seiten ab.)

ZWEITER AUFTRITT

Das Zimmer der Sara.

Miß Sara. Mellefont.

M e l l e f o n t. Ich habe unrecht getan, liebste Miß, daß ich
Sie wegen des vorigen Briefes in einer kleinen Unruhe ließ.

S a r a. Nein doch, Mellefont; ich bin deswegen ganz und
gar nicht unruhig gewesen. Könnten Sie mich denn nicht
lieben, wenn Sie gleich noch Geheimnisse vor mir hätten?

M e l l e f o n t. Sie glauben also doch, daß es ein Geheimnis
gewesen sei?

S a r a. Aber keines, das mich angeht. Und das muß mir genug sein.

M e l l e f o n t. Sie sind allzu gefällig. Doch erlauben Sie
mir, daß ich Ihnen dieses Geheimnis gleichwohl entdecke.
Es waren einige Zeilen von einer Anverwandten, die meinen hiesigen Aufenthalt erfahren hat. Sie geht auf ihrer
Reise nach London hier durch und will mich sprechen. Sie
hat zugleich um die Ehre ersucht, Ihnen ihre Aufwartung
machen zu dürfen.

S a r a. Es wird mir allezeit angenehm sein, Mellefont, die
würdigen Personen Ihrer Familie kennenzulernen. Aber
überlegen Sie es selbst, ob ich schon, ohne zu erröten, einer
derselben unter die Augen sehen darf.

M e l l e f o n t. Ohne zu erröten? Und worüber? Darüber,
daß Sie mich lieben? Es ist wahr, Miß, Sie hätten Ihre Liebe
einem Edlern, einem Reichern schenken können. Sie müssen sich schämen, daß Sie Ihr Herz nur um ein Herz
haben geben wollen und daß Sie bei diesem Tausche Ihr
Glück so weit aus den Augen gesetzt.

S a r a. Sie werden es selbst wissen, wie falsch Sie meine
Worte erklären.

M e l l e f o n t. Erlauben Sie, Miß; wenn ich sie falsch er-
kläre, so können sie gar keine Bedeutung haben.

S a r a. Wie heißt Ihre Anverwandte?

M e l l e f o n t. Es ist – Lady Solmes. Sie werden den Namen von mir schon gehört haben.

S a r a. Ich kann mich nicht erinnern.

M e l l e f o n t. Darf ich bitten, daß Sie ihren Besuch annehmen wollen?

S a r a. Bitten, Mellefont? Sie können mir es ja befehlen.

M e l l e f o n t. Was für ein Wort! – Nein, Miß, sie soll das Glück nicht haben, Sie zu sehen. Sie wird es bedauern; aber sie muß es sich gefallen lassen. Miß Sara hat ihre Ursachen, die ich, auch ohne sie zu wissen, verehre.

S a r a. Mein Gott! wie schnell sind Sie, Mellefont! Ich werde die Lady erwarten und mich der Ehre ihres Besuchs, soviel möglich, würdig zu erzeigen suchen. Sind Sie zufrieden?

M e l l e f o n t. Ach, Miß, lassen Sie mich meinen Ehrgeiz gestehen. Ich möchte gern gegen die ganze Welt mit Ihnen prahlen. Und wenn ich auf den Besitz einer solchen Person nicht eitel wäre, so würde ich mir selbst vorwerfen, daß ich den Wert derselben nicht zu schätzen wüßte. Ich gehe hin und bringe die Lady sogleich zu Ihnen. *(Gehet ab.)*

S a r a *(allein)*. Wenn es nur keine von den stolzen Weibern ist, die, voll von ihrer Tugend, über alle Schwachheiten erhaben zu sein glauben. Sie machen uns mit einem einzigen verächtlichen Blicke den Prozeß, und ein zweideutiges Achselzucken ist das ganze Mitleiden, das wir ihnen zu verdienen scheinen.

DRITTER AUFTRITT

Waitwell. Sara.

B e t t y *(zwischen der Szene)*. Nur hier herein, wenn Er selbst mit ihr sprechen muß.

S a r a *(die sich umsieht)*. Wer muß selbst mit mir sprechen? – Wen seh ich? Ist es möglich? Waitwell, dich?

W a i t w e l l. Was für ein glücklicher Mann bin ich, daß ich endlich unsere Miß Sara wiedersehe!

S a r a. Gott! was bringst du? Ich hör es schon, ich hör es schon, du bringst mir die Nachricht von dem Tode meines Vaters! Er ist hin, der vortrefflichste Mann, der beste Vater! Er ist hin, und ich, ich bin die Elende, die seinen Tod beschleuniget hat.

W a i t w e l l. Ach! Miß – –

S a r a. Sage mir, geschwind sage mir, daß die letzten Augenblicke seines Lebens ihm durch mein Andenken nicht schwe-

rer wurden; daß er mich vergessen hatte; daß er ebenso
ruhig starb, als er sich sonst in meinen Armen zu sterben
versprach; daß er sich meiner auch nicht einmal in seinem
letzten Gebete erinnerte – –

W a i t w e l l. Hören Sie doch auf, sich mit so falschen Vorstellungen zu plagen! Er lebt ja noch, Ihr Vater; er lebt ja
noch, der rechtschaffne Sir William.

S a r a. Lebt er noch? Ist es wahr, lebt er noch? Oh! daß er
noch lange leben und glücklich leben möge! Oh! daß ihm
Gott die Hälfte meiner Jahre zulegen wolle! Die Hälfte?
– Ich Undankbare, wenn ich ihm nicht mit allen, soviel
mir deren bestimmt sind, auch nur einige Augenblicke zu
erkaufen bereit bin! Aber nun sage mir wenigstens, Waitwell, daß es ihm nicht hart fällt, ohne mich zu leben; daß
es ihm leicht geworden ist, eine Tochter aufzugeben, die
ihre Tugend so leicht aufgeben können; daß ihn meine
Flucht erzürnet, aber nicht gekränkt hat; daß er mich ver-
wünschet, aber nicht bedauret.

W a i t w e l l. Ach, Sir William ist noch immer der zärtliche
Vater, so wie sein Sarchen noch immer die zärtliche Tochter ist, die sie beide gewesen sind.

S a r a. Was sagst du? Du bist ein Bote des Unglücks, des
schrecklichsten Unglücks unter allen, die mir meine feind-
selige Einbildung jemals vorgestellet hat! Er ist noch der
zärtliche Vater? So liebt er mich ja noch? So muß er mich
ja beklagen? Nein, nein, das tut er nicht; das kann er
nicht tun! Siehst du denn nicht, wie unendlich jeder Seufzer, den er um mich verlöre, meine Verbrechen vergrößern
würde? Müßte mir nicht die Gerechtigkeit des Himmels
jede seiner Tränen, die ich ihm auspreßte, so anrechnen,
als ob ich bei jeder derselben mein Laster und meinen
Undank wiederholte? Ich erstarre über diesen Gedanken.
Tränen koste ich ihm? Tränen? Und es sind andre Tränen als Tränen der Freude? – Widersprich mir doch,
Waitwell! Aufs höchste hat er einige leichte Regungen
des Bluts für mich gefühlet; einige von den geschwind
überhin gehenden Regungen, welche die kleinste Anstren-
gung der Vernunft besänftiget. Zu Tränen hat er es nicht
kommen lassen. Nicht wahr, Waitwell, zu Tränen hat er
es nicht kommen lassen?

W a i t w e l l *(indem er sich die Augen wischt).* Nein, Miß, dazu hat er es nicht kommen lassen.

S a r a. Ach! dein Mund sagt nein; und deine eignen Tränen sagen ja.

W a i t w e l l. Nehmen Sie diesen Brief, Miß; er ist von ihm selbst.

S a r a. Von wem? von meinem Vater? an mich?

W a i t w e l l. Ja, nehmen Sie ihn nur; Sie werden mehr daraus sehen können, als ich zu sagen vermag. Er hätte einem andern als mir dieses Geschäft auftragen sollen. Ich versprach mir Freude davon; aber Sie verwandeln mir diese Freude in Betrübnis.

S a r a. Gib nur, ehrlicher Waitwell! – Doch nein, ich will ihn nicht eher nehmen, als bis du mir sagst, was ungefähr darin enthalten ist.

W a i t w e l l. Was kann darin enthalten sein? Liebe und Vergebung.

S a r a. Liebe? Vergebung?

W a i t w e l l. Und vielleicht ein aufrichtiges Bedauern, daß er die Rechte der väterlichen Gewalt gegen ein Kind brauchen wollen, für welches nur die Vorrechte der väterlichen Huld sind.

S a r a. So behalte nur deinen grausamen Brief!

W a i t w e l l. Grausamen? fürchten Sie nichts; Sie erhalten völlige Freiheit über Ihr Herz und Ihre Hand.

S a r a. Und das ist es eben, was ich fürchte. Einen Vater, wie ihn, zu betrüben: dazu habe ich noch den Mut gehabt. Allein ihn durch eben diese Betrübnis, ihn durch seine Liebe, der ich entsagt, dahin gebracht zu sehen, daß er sich alles gefallen läßt, wozu mich eine unglückliche Leidenschaft verleitet: das, Waitwell, das würde ich nicht ausstehen. Wenn sein Brief alles enthielte, was ein aufgebrachter Vater in solchem Falle Heftiges und Hartes vorbringen kann, so würde ich ihn zwar mit Schaudern lesen, aber ich würde ihn doch lesen können. Ich würde gegen seinen Zorn noch einen Schatten von Verteidigung aufzubringen wissen, um ihn durch diese Verteidigung, wo möglich, noch zorniger zu machen. Meine Beruhigung wäre alsdann diese, daß bei einem gewaltsamen Zorne kein wehmütiger Gram Raum haben könne und daß sich

jener endlich glücklich in eine bittere Verachtung gegen
mich verwandeln werde. Wen man aber verachtet, um
den bekümmert man sich nicht mehr. Mein Vater wäre
wieder ruhig, und ich dürfte mir nicht vorwerfen, ihn auf
immer unglücklich gemacht zu haben.

W a i t w e l l. Ach! Miß, Sie werden sich diesen Vorwurf
noch weniger machen dürfen, wenn Sie jetzt seine Liebe
wieder ergreifen, die ja alles vergessen will.

S a r a. Du irrst dich, Waitwell. Sein sehnliches Verlangen
nach mir verführt ihn vielleicht, zu allem ja zu sagen.
Kaum aber würde dieses Verlangen ein wenig beruhiget
sein, so würde er sich seiner Schwäche wegen vor sich selbst
schämen. Ein finsterer Unwille würde sich seiner bemei-
stern, und er würde mich nie ansehen können, ohne mich
heimlich anzuklagen, wieviel ich ihm abzutrotzen mich
unterstanden habe. Ja, wenn es in meinem Vermögen
stünde, ihm bei der äußersten Gewalt, die er sich meinetwegen antut, das Bitterste zu ersparen; wenn in dem
Augenblicke, da er mir alles erlauben wollte, ich ihm alles
aufopfern könnte: so wäre es ganz etwas anders. Ich
wollte den Brief mit Vergnügen von deinen Händen nehmen, die Stärke der väterlichen Liebe darin bewundern
und, ohne sie zu mißbrauchen, mich als eine reuende und
gehorsame Tochter zu seinen Füßen werfen. Aber kann
ich das? Ich würde es tun müssen, was er mir erlaubte,
ohne mich daran zu kehren, wie teuer ihm diese Erlaub-
nis zu stehen komme. Und wenn ich dann am vergnüg-
testen darüber sein wollte, würde es mir plötzlich einfallen, daß er mein Vergnügen äußerlich nur zu teilen scheine
und in sich selbst vielleicht seufze; kurz, daß er mich mit
Entsagung seiner eignen Glückseligkeit glücklich gemacht
habe – Und es auf diese Art zu sein wünschen, trauest
du mir das wohl zu, Waitwell?

W a i t w e l l. Gewiß, ich weiß nicht, was ich hierauf antworten soll.

S a r a. Es ist nichts darauf zu antworten. Bringe deinen
Brief also nur wieder zurück. Wenn mein Vater durch
mich unglücklich sein muß, so will ich selbst auch unglücklich bleiben. Ganz allein ohne ihn unglücklich zu sein,
das ist es, was ich jetzt stündlich von dem Himmel bitte;

glücklich aber ohne ihn ganz allein zu sein, davon will
ich durchaus nichts wissen.

W a i t w e l l *(etwas beiseite)*. Ich glaube wahrhaftig, ich
werde das gute Kind hintergehen müssen, damit es den
Brief doch nur lieset.

S a r a. Was sprichst du da für dich?

W a i t w e l l. Ich sage mir selbst, daß ich einen sehr unge-
schickten Einfall gehabt hätte, Sie, Miß, zur Lesung des
Briefes desto geschwinder zu vermögen.

S a r a. Wieso?

W a i t w e l l. Ich konnte so weit nicht denken. Sie überlegen freilich alles genauer, als es unsereiner kann. Ich
wollte Sie nicht erschrecken; der Brief ist vielleicht nur
allzu hart; und wenn ich gesagt habe, daß nichts als Liebe
und Vergebung darin enthalten sei, so hätte ich sagen sollen,
daß ich nichts als dieses darin enthalten zu sein wünschte.

S a r a. Ist das wahr? – Nun, so gib mir ihn her. Ich will
ihn lesen. Wenn man den Zorn eines Vaters unglücklicher-
weise verdient hat, so muß man wenigstens gegen diesen
väterlichen Zorn so viel Achtung haben, daß er ihn nach
allen Gefallen gegen uns auslassen kann. Ihn zu vereiteln
suchen, heißt Beleidigungen mit Geringschätzung häufen.
Ich werde ihn nach aller seiner Stärke empfinden. Du
siehst, ich zittre schon – Aber ich soll auch zittern; und
ich will lieber zittern als weinen. – *(Sie erbricht den
Brief.)* Nun ist er erbrochen! Ich bebe – Aber was seh
ich? *(Sie lieset.)* »Einzige, geliebteste Tochter!« – Ha! du
alter Betrüger, ist das die Anrede eines zornigen Vaters?
Geh, weiter werde ich nicht lesen – –

W a i t w e l l. Ach, Miß, verzeihen Sie doch einem alten
Knechte. Ja gewiß, ich glaube, es ist in meinem Leben das
erstemal, daß ich mit Vorsatz betrogen habe. Wer einmal
betrügt, Miß, und aus einer so guten Absicht betrügt, der
ist ja deswegen noch kein alter Betrüger. Das geht mir
nahe, Miß. Ich weiß wohl, die gute Absicht entschuldigt
nicht immer; aber was konnte ich denn tun? Einem so
guten Vater seinen Brief ungelesen wiederzubringen? Das
kann ich nimmermehr. Eher will ich gehen, soweit mich
meine alten Beine tragen, und ihm nie wieder vor die
Augen kommen.

S a r a. Wie? auch du willst ihn verlassen?

W a i t w e l l. Werde ich denn nicht müssen, wenn Sie den
Brief nicht lesen? Lesen Sie ihn doch immer. Lassen Sie
doch immer den ersten vorsätzlichen Betrug, den ich mir
vorzuwerfen habe, nicht ohne gute Wirkung bleiben. Sie
werden ihn desto eher vergessen, und ich werde mir ihn
desto eher vergeben können. Ich bin ein gemeiner, einfäl-
tiger Mann, der Ihnen Ihre Ursachen, warum Sie den
Brief nicht lesen können oder wollen, freilich so muß gel-
ten lassen. Ob sie wahr sind, weiß ich nicht; aber so recht
natürlich scheinen sie mir wenigstens nicht. Ich dächte nun
so, Miß: ein Vater, dächte ich, ist doch immer ein Vater;
und ein Kind kann wohl einmal fehlen, es bleibt deswegen doch ein gutes Kind. Wenn der Vater den Fehler
verzeiht, so kann ja das Kind sich wohl wieder so auffüh-
ren, daß er auch gar nicht mehr daran denken darf. Und
wer erinnert sich denn gern an etwas, wovon er lieber
wünscht, es wäre gar nicht geschehen? Es ist, Miß, als ob
Sie nur immer an Ihren Fehler dächten und glaubten, es
wäre genug, wenn Sie den in Ihrer Einbildung vergrößerten und sich selbst mit solchen vergrößerten Vorstellungen marterten. Aber ich sollte meinen, Sie müßten auch
daran denken, wie Sie das, was geschehen ist, wiedergut-
machten. Und wie wollen Sie es denn wiedergutmachen,
wenn Sie sich selbst alle Gelegenheit dazu benehmen?
Kann es Ihnen denn sauer werden, den andern Schritt zu
tun, wenn so ein lieber Vater schon den ersten getan hat?

S a r a. Was für Schwerter gehen aus deinem einfältigen
Munde in mein Herz! – Eben das kann ich nicht aushalten, daß er den ersten Schritt tun muß. Und was willst
du denn? Tut er denn nur den ersten Schritt? Er muß sie
alle tun: ich kann ihm keinen entgegentun. So weit ich
mich von ihm entferne, so weit muß er sich zu mir herablassen. Wenn er mir vergibt, so muß er mein ganzes
Verbrechen vergeben und sich noch dazu gefallen lassen,
die Folgen desselben vor seinen Augen fortdauern zu
sehen. Ist das von einem Vater zu verlangen?

W a i t w e l l. Ich weiß nicht, Miß, ob ich dieses so recht verstehe. Aber mich deucht, Sie wollen sagen, er müsse Ihnen
gar zu viel vergeben, und weil ihm das nicht anders als

sehr sauer werden könne, so machten Sie sich ein Gewissen, seine Vergebung anzunehmen. Wenn Sie das meinen, so sagen Sie mir doch, ist denn nicht das Vergeben für ein gutes Herz ein Vergnügen? Ich bin in meinem Leben so glücklich nicht gewesen, daß ich dieses Vergnügen oft empfunden hätte. Aber der wenigen Male, die ich es empfunden habe, erinnere ich mich noch immer gern. Ich fühlte so etwas Sanftes, so etwas Beruhigendes, so etwas Himmlisches dabei, daß ich mich nicht entbrechen konnte, an die große, unüberschwengliche Seligkeit Gottes zu denken, dessen ganze Erhaltungen der elenden Menschen ein immerwährendes Vergeben ist. Ich wünschte mir, alle Augenblicke verzeihen zu können, und schämte mich, daß ich nur solche Kleinigkeiten zu verzeihen hatte. Recht schmerzhafte Beleidigungen, recht tödliche Kränkungen zu vergeben, sagt' ich zu mir selbst, muß eine Wollust sein, in der die ganze Seele zerfließt – Und nun, Miß, wollen Sie denn so eine große Wollust Ihrem Vater nicht gönnen?

S a r a. Ach! – Rede weiter, Waitwell, rede weiter!

W a i t w e l l. Ich weiß wohl, es gibt eine Art von Leuten, die nichts ungerner als Vergebung annehmen, und zwar, weil sie keine zu erzeigen gelernt haben. Es sind stolze, unbiegsame Leute, die durchaus nicht gestehen wollen, daß sie unrecht getan. Aber von der Art, Miß, sind Sie nicht. Sie haben das liebreichste und zärtlichste Herz, das die beste Ihres Geschlechts nur haben kann. Ihren Fehler bekennen Sie auch. Woran liegt es denn nun also noch? – Doch verzeihen Sie mir nur, Miß, ich bin ein alter Plauderer und hätte es gleich merken sollen, daß Ihr Weigern nur eine rühmliche Besorgnis, nur eine tugendhafte Schüchternheit sei. Leute, die eine große Wohltat gleich ohne Bedenken annehmen können, sind der Wohltat selten würdig. Die sie am meisten verdienen, haben auch immer das meiste Mißtrauen gegen sich selbst. Doch muß das Mißtrauen nicht über sein Ziel getrieben werden.

S a r a. Lieber alter Vater, ich glaube, du hast mich überredet.

W a i t w e l l. Ach Gott! wenn ich so glücklich gewesen bin, so muß mir ein guter Geist haben reden helfen. Aber nein,

Miß, meine Reden haben dabei nichts getan, als daß sie
Ihnen Zeit gelassen, selbst nachzudenken und sich von
einer so fröhlichen Bestürzung zu erholen. – Nicht wahr,
nun werden Sie den Brief lesen? Oh! lesen Sie ihn doch
gleich!

S a r a. Ich will es tun, Waitwell. – Welche Bisse, welche
Schmerzen werde ich fühlen!

W a i t w e l l. Schmerzen, Miß, aber angenehme Schmerzen.

S a r a. Sei still! *(Sie fängt an, für sich zu lesen.)*

W a i t w e l l *(beiseite).* Oh! wenn er sie selbst sehen sollte!

S a r a *(nachdem sie einige Augenblicke gelesen).* Ach, Waitwell, was für ein Vater! Er nennt meine Flucht eine Abwesenheit. Wieviel sträflicher wird sie durch dieses ge-
linde Wort! *(Sie lieset weiter und unterbricht sich wieder.)* Höre doch! er schmeichelt sich, ich würde ihn noch
lieben. Er schmeichelt sich! *(Lieset und unterbricht sich.)*
Er bittet mich – Er bittet mich? Ein Vater seine Tochter?
seine strafbare Tochter? Und was bittet er mich denn? –
(Lieset für sich.) Er bittet mich, seine übereilte Strenge zu
vergessen und ihn mit meiner Entfernung nicht länger zu
strafen. Übereilte Strenge! – Zu strafen! – *(Lieset wieder und unterbricht sich.)* Noch mehr! Nun dankt er mir
gar, und dankt mir, daß ich ihm Gelegenheit gegeben, den
ganzen Umfang der väterlichen Liebe kennenzulernen.
Unselige Gelegenheit! Wenn er doch nur auch sagte, daß
sie ihm zugleich den ganzen Umfang des kindlichen Un-
gehorsams habe kennenlernen! *(Sie lieset wieder.)* Nein, er
sagt es nicht! Er gedenkt meines Verbrechens nicht mit
einem Buchstaben. *(Sie fährt weiter fort, für sich zu
lesen.)* Er will kommen und seine Kinder selbst zurückholen. Seine Kinder, Waitwell! Das geht über alles! –
Hab ich auch recht gelesen? *(Sie lieset wieder für sich.)* –
Ich möchte vergehen! Er sagt, derjenige verdiene nur all-
zuwohl sein Sohn zu sein, ohne welchen er keine Tochter
haben könne. – Oh! hätte er sie nie gehabt, diese unglückliche Tochter! – Geh, Waitwell, laß mich allein! Er
verlangt eine Antwort, und ich will sie sogleich machen.
Frag in einer Stunde wieder nach. Ich danke dir unterdessen für deine Mühe. Du bist ein rechtschaffner Mann. Es
sind wenig Diener die Freunde ihrer Herren!

W a i t w e l l. Beschämen Sie mich nicht, Miß. Wenn alle
Herren Sir Williams wären, so müßten die Diener Un-
menschen sein, wenn sie nicht ihr Leben für sie lassen wollten. *(Geht ab.)*

VIERTER AUFTRITT

S a r a *(sie setzet sich zum Schreiben nieder)*. Wenn man mir
es vor Jahr und Tag gesagt hätte, daß ich auf einen solchen Brief würde antworten müssen! Und unter solchen
Umständen! – Ja, die Feder hab ich in der Hand. – Weiß
ich aber auch schon, was ich schreiben soll? Was ich denke;
was ich empfinde. – Und was denkt man denn, wenn
sich in einem Augenblicke tausend Gedanken durchkreu-
zen? Und was empfindet man denn, wenn das Herz vor
lauter Empfinden in einer tiefen Betäubung liegt? – Ich
muß doch schreiben – Ich führe ja die Feder nicht das
erstemal. Nachdem sie mir schon so manche kleine Dienste der Höflichkeit und Freundschaft abstatten helfen,
sollte mir ihre Hilfe wohl bei dem wichtigsten Dienste
entstehen? – *(Sie denkt ein wenig nach und schreibt darauf einige Zeilen.)* Das soll der Anfang sein? Ein sehr frosti-
ger Anfang. Und werde ich denn bei seiner Liebe anfangen wollen? Ich muß bei meinem Verbrechen anfangen.
(Sie streicht aus und schreibt anders.) Daß ich mich ja
nicht zu obenhin davon ausdrücke! – Das Schämen kann
überall an seiner rechten Stelle sein, nur bei dem Bekennt-
nisse unserer Fehler nicht. Ich darf mich nicht fürchten, in
Übertreibungen zu geraten, wenn ich auch schon die gräß-
lichsten Züge anwende. – Ach! warum muß ich nun ge-
stört werden?

FÜNFTER AUFTRITT

Marwood. Mellefont. Sara.

M e l l e f o n t. Liebste Miß, ich habe die Ehre, Ihnen Lady
Solmes vorzustellen, welche eine von denen Personen in
meiner Familie ist, welchen ich mich am meisten verpflich-
tet erkenne.

M a r w o o d. Ich muß um Vergebung bitten, Miß, daß ich
so frei bin, mich mit meinen eignen Augen von dem Glücke
eines Vetters zu überführen, dem ich das vollkommenste
Frauenzimmer wünschen würde, wenn mich nicht gleich
der erste Anblick überzeugt hätte, daß er es in Ihnen bereits gefunden habe.

S a r a. Sie erzeigen mir allzuviel Ehre, Lady. Eine Schmeichelei wie diese würde mich zu allen Zeiten beschämt haben; itzt aber sollte ich sie fast für einen versteckten Vorwurf annehmen, wenn ich Lady Solmes nicht für viel zu
großmütig hielte, ihre Überlegenheit an Tugend und
Klugheit eine Unglückliche fühlen zu lassen.

M a r w o o d (kalt). Ich würde untröstlich sein, Miß, wenn
Sie mir andre als die freundschaftlichsten Gesinnungen
zutrauten. – (Beiseite.) Sie ist schön!

M e l l e f o n t. Und wäre es denn auch möglich, Lady, gegen soviel Schönheit, gegen soviel Bescheidenheit gleichgültig zu bleiben? Man sagt zwar, daß einem reizenden
Frauenzimmer selten von einem andern Gerechtigkeit erwiesen werde: allein dieses ist auf der einen Seite nur von
denen, die auf ihre Vorzüge allzu eitel sind, und auf der
andern nur von solchen zu verstehen, welche sich selbst
keiner Vorzüge bewußt sind. Wie weit sind Sie beide von
diesem Falle entfernt! – (Zur Marwood, welche in Gedanken steht.) Ist es nicht wahr, Lady, daß meine Liebe
nichts weniger als parteiisch gewesen ist? Ist es nicht wahr,
daß ich Ihnen zum Lobe meiner Miß viel, aber noch lange
nicht so viel gesagt habe, als Sie selbst finden? – Aber
warum so in Gedanken? – (Sachte zu ihr.) Sie vergessen,
wer Sie sein wollen.

M a r w o o d. Darf ich es sagen? – Die Bewunderung Ihrer
liebsten Miß führte mich auf die Betrachtung ihres
Schicksals. Es ging mir nahe, daß sie die Früchte ihrer
Liebe nicht in ihrem Vaterlande genießen soll. Ich erinnerte mich, daß sie einen Vater und, wie man mir gesagt
hat, einen sehr zärtlichen Vater verlassen müßte, um die
Ihrige sein zu können; und ich konnte mich nicht enthalten, ihre Aussöhnung mit ihm zu wünschen.

S a r a. Ach! Lady, wie sehr bin ich Ihnen für diesen Wunsch
verbunden. Er verdient es, daß ich meine ganze Freude

mit Ihnen teile. Sie können es noch nicht wissen, Mellefont, daß er erfüllt wurde, ehe Lady die Liebe für uns hatte, ihn zu tun.

M e l l e f o n t. Wie verstehen Sie dieses, Miß?

M a r w o o d *(beiseite)*. Was will das sagen?

S a r a. Eben itzt habe ich einen Brief von meinem Vater erhalten. Waitwell brachte mir ihn. Ach, Mellefont, welch ein Brief!

M e l l e f o n t. Geschwind reißen Sie mich aus meiner Ungewißheit. Was hab ich zu fürchten? Was habe ich zu hoffen? Ist er noch der Vater, den wir flohen? Und wenn er es noch ist, wird Sara die Tochter sein, die mich zärtlich genug liebt, um ihn noch weiter zu fliehen? Ach! hätte ich Ihnen gefolgt, liebste Miß, so wären wir jetzt durch ein Band verknüpft, das man aus eigensinnigen Absichten zu trennen wohl unterlassen müßte. In diesem Augenblick empfinde ich alles das Unglück, das unser entdeckter Aufenthalt für mich nach sich ziehen kann. – Er wird kommen und Sie aus meinen Armen reißen. – Wie hasse ich den Nichtswürdigen, der uns ihm verraten hat! *(Mit einem zornigen Blick gegen die Marwood.)*

S a r a. Liebster Mellefont, wie schmeichelhaft ist diese Ihre Unruhe für mich! Und wie glücklich sind wir beide, daß sie vergebens ist! Lesen Sie hier seinen Brief. – *(Gegen die Marwood, indem Mellefont den Brief für sich lieset.)* Lady, er wird über die Liebe meines Vaters erstaunen. Meines Vaters? Ach! er ist nun auch der seinige.

M a r w o o d *(betroffen)*. Ist es möglich?

S a r a. Jawohl, Lady, haben Sie Ursache, diese Veränderung zu bewundern. Er vergibt uns alles; wir werden uns nun vor seinen Augen lieben; er erlaubt es uns; er befiehlt es uns. – Wie hat diese Gütigkeit meine ganze Seele durchdrungen! – Nun, Mellefont? *(Der ihr den Brief wiedergibt.)* Sie schweigen? O nein, diese Träne, die sich aus Ihrem Auge schleicht, sagt weit mehr, als Ihr Mund ausdrücken könnte.

M a r w o o d *(beiseite)*. Wie sehr habe ich mir selbst geschadet! Ich Unvorsichtige!

S a r a. Oh! lassen Sie mich diese Träne von Ihrer Wange küssen!

M e l l e f o n t. Ach Miß, warum haben wir so einen göttlichen Mann betrüben müssen? Jawohl, einen göttlichen
Mann: denn was ist göttlicher als vergeben? – Hätten wir
uns diesen glücklichen Ausgang nur als möglich vorstellen
können: gewiß, so wollten wir ihn jetzt so gewaltsamen
Mitteln nicht zu verdanken haben; wir wollten ihn allein
unsern Bitten zu verdanken haben. Welche Glückseligkeit
wartet auf mich! Wie schmerzlich wird mir aber auch die
eigne Überzeugung sein, daß ich dieser Glückseligkeit so
unwert bin!

M a r w o o d (beiseite). Und das muß ich mit anhören!

S a r a. Wie vollkommen rechtfertigen Sie durch solche Gesinnungen meine Liebe gegen Sie.

M a r w o o d (beiseite). Was für Zwang muß ich mir an-
tun!

S a r a. Auch Sie, vortreffliche Lady, müssen den Brief meines Vaters lesen. Sie scheinen allzuviel Anteil an unserm
Schicksale zu nehmen, als daß Ihnen sein Inhalt gleichgültig sein könnte.

M a r w o o d. Mir gleichgültig, Miß? (Sie nimmt den Brief.)

S a r a. Aber, Lady, Sie scheinen noch immer sehr nachdenkend, sehr traurig. – –

M a r w o o d. Nachdenkend, Miß, aber nicht traurig.

M e l l e f o n t (beiseite). Himmel! wo sie sich verrät!

S a r a. Und warum denn?

M a r w o o d. Ich zittere für Sie beide. Könnte diese unver-
mutete Güte Ihres Vaters nicht eine Verstellung sein? eine
List?

S a r a. Gewiß nicht, Lady, gewiß nicht. Lesen Sie nur, und
Sie werden es selbst gestehen. Die Verstellung bleibt immer kalt, und eine so zärtliche Sprache ist in ihrem Vermögen nicht. (Marwood lieset für sich.) Werden Sie nicht
argwöhnisch, Mellefont; ich bitte Sie. Ich stehe Ihnen dafür, daß mein Vater sich zu keiner List herablassen kann.
Er sagt nichts, was er nicht denkt, und Falschheit ist ihm
ein unbekanntes Laster.

M e l l e f o n t. Oh! davon bin ich vollkommen überzeugt,
liebste Miß. – Man muß der Lady den Verdacht vergeben, weil sie den Mann noch nicht kennt, den er trifft.

S a r a (indem ihr Marwood den Brief zurückgibt). Was seh

ich, Lady? Sie haben sich entfärbt? Sie zittern? Was fehlt
Ihnen?

M e l l e f o n t *(beiseite)*. In welcher Angst bin ich! Warum
habe ich sie auch hergebracht?

M a r w o o d. Es ist nichts, Miß, als ein kleiner Schwindel,
welcher vorübergehn wird. Die Nachtluft muß mir auf
der Reise nicht bekommen sein.

M e l l e f o n t. Sie erschrecken mich, Lady – Ist es Ihnen
nicht gefällig, frische Luft zu schöpfen? Man erholt sich
in einem verschloßnen Zimmer nicht so leicht.

M a r w o o d. Wenn Sie meinen, so reichen Sie mir Ihren
Arm.

S a r a. Ich werde Sie begleiten, Lady.

M a r w o o d. Ich verbitte diese Höflichkeit, Miß. Meine
Schwachheit wird ohne Folgen sein.

S a r a. So hoffe ich denn, Lady bald wiederzusehen.

M a r w o o d. Wenn Sie erlauben, Miß.)
            (Mellefont führt sie ab.)

S a r a *(allein)*. Die arme Lady! – Sie scheinet die freund-
schaftlichste Person zwar nicht zu sein; aber mürrisch und
stolz scheinet sie doch auch nicht. – Ich bin wieder allein.
Kann ich die wenigen Augenblicke, die ich es vielleicht
sein werde, zu etwas Besserm als zur Vollendung meiner
Antwort anwenden? *(Sie will sich niedersetzen, zu schreiben.)*

SECHSTER AUFTRITT

Betty. Sara.

B e t t y. Das war ja wohl ein sehr kurzer Besuch.

S a r a. Ja, Betty. Es ist Lady Solmes; eine Anverwandte
meines Mellefont. Es wandelte ihr gähling eine kleine
Schwachheit an. Wo ist sie jetzt?

B e t t y. Mellefont hat sie bis an die Türe begleitet.

S a r a. So ist sie ja wohl wieder fort?

B e t t y. Ich vermute es. – Aber je mehr ich Sie ansehe,
Miß – Sie müssen mir meine Freiheit verzeihen –, je mehr
finde ich Sie verändert. Es ist etwas Ruhiges, etwas Zu-
friednes in Ihren Blicken. Lady muß ein sehr angenehmer

Besuch oder der alte Mann ein sehr angenehmer Bote gewesen sein.

S a r a. Das letzte, Betty, das letzte. Er kam von meinem
Vater. Was für einen zärtlichen Brief will ich dich lesen
lassen! Dein gutes Herz hat so oft mit mir geweint, nun
soll es sich auch mit mir freuen. Ich werde wieder glücklich sein und dich für deine guten Dienste belohnen können.

B e t t y. Was habe ich Ihnen in kurzen neun Wochen für
Dienste leisten können?

S a r a. Du hättest mir ihrer in meinem ganzen andern Leben nicht mehrere leisten können als in diesen neun Wochen. – Sie sind vorüber! – Komm nur itzt, Betty; weil
Mellefont vielleicht wieder allein ist, so muß ich ihn noch
sprechen. Ich bekomme eben den Einfall, daß es sehr gut
sein würde, wenn er zugleich mit mir an meinen Vater
schriebe, dem seine Danksagung schwerlich unerwartet
sein dürfte. Komm!

(Sie gehen ab.)

SIEBENTER AUFTRITT

Der Saal.

Sir William Sampson. Waitwell.

S i r   W i l l i a m. Was für Balsam, Waitwell, hast du mir
durch deine Erzählung in mein verwundetes Herz gegos-
sen! Ich lebe wieder neu auf; und ihre herannahende
Rückkehr scheint mich ebensoweit zu meiner Jugend wieder zurückzubringen, als mich ihre Flucht näher zu dem
Grabe gebracht hatte. Sie liebt mich noch! Was will ich
mehr? – Geh ja bald wieder zu ihr, Waitwell. Ich kann
den Augenblick nicht erwarten, da ich sie aufs neue in
diese Arme schließen soll, die ich so sehnlich gegen den
Tod ausgestreckt hatte. Wie erwünscht wäre er mir in den
Augenblicken meines Kummers gewesen! Und wie fürch-
terlich wird er mir in meinem neuen Glücke sein! Ein Alter ist ohne Zweifel zu tadeln, wenn er die Bande, die ihn
noch mit der Welt verbinden, so fest wieder zuziehet. Die
endliche Trennung wird desto schmerzlicher. – Doch der

Gott, der sich jetzt so gnädig gegen mich erzeigt, wird mir auch diese überstehen helfen. Sollte er mir wohl eine Wohltat erweisen, um sie mir zuletzt zu meinem Verderben gereichen zu lassen? Sollte er mir eine Tochter wiedergeben, damit ich über seine Abfoderung aus diesem Leben murren müsse? Nein, nein; er schenkt mir sie wieder, um in der letzten Stunde nur um mich selbst besorgt sein zu dürfen. Dank sei dir, ewige Güte! Wie schwach ist der Dank eines sterblichen Mundes! Doch bald, bald werde ich in einer ihm geweihten Ewigkeit ihm würdiger danken können.

W a i t w e l l. Wie herzlich vergnügt es mich, Sir, Sie vor meinem Ende wieder zufrieden zu wissen! Glauben Sie mir es nur, ich habe fast so viel bei Ihrem Jammer ausgestanden als Sie selbst. Fast so viel; gar so viel nicht: denn der Schmerz eines Vaters mag wohl bei solchen Gelegenheiten unaussprechlich sein.

S i r W i l l i a m. Betrachte dich von nun an, mein guter Waitwell, nicht mehr als meinen Diener. Du hast es schon längst um mich verdient, ein anständiger Alter zu genießen. Ich will dir es auch schaffen, und du sollst es nicht schlechter haben, als ich es noch in der Welt haben werde. Ich will allen Unterschied zwischen uns aufheben; in jener Welt, weißt du wohl, ist er ohnedies aufgehoben. – Nur dasmal sei noch der alte Diener, auf den ich mich so umsonst verlassen habe. Geh und gib acht, daß du mir ihre Antwort sogleich bringen kannst, als sie fertig ist.

W a i t w e l l. Ich gehe, Sir. Aber so ein Gang ist kein Dienst, den ich Ihnen tue. Er ist eine Belohnung, die Sie mir für meine Dienste gönnen. Ja gewiß, das ist er.

(*Sie gehen auf verschiedenen Seiten ab.*)
(*Ende des dritten Aufzuges.*)

VIERTER AUFZUG

ERSTER AUFTRITT

Mellefonts Zimmer.

Mellefont. Sara.

M e l l e f o n t. Ja, liebste Miß, ja; das will ich tun; das muß ich tun.

S a r a. Wie vergnügt machen Sie mich!

M e l l e f o n t. Ich bin es allein, der das ganze Verbrechen auf sich nehmen muß. Ich allein bin schuldig; ich allein muß um Vergebung bitten.

S a r a. Nein, Mellefont, nehmen Sie mir den größern Anteil, den ich an unserm Vergehen habe, nicht. Er ist mir teuer, so strafbar er auch ist: denn er muß Sie überzeugt haben, daß ich meinen Mellefont über alles in der Welt liebe. — Aber ist es denn gewiß wahr, daß ich nunmehr diese Liebe mit der Liebe gegen meinen Vater verbinden darf? Oder befinde ich mich in einem angenehmen Traume? Wie fürchte ich mich, ihn zu verlieren und in meinem alten Jammer zu erwachen! — Doch nein, ich bin nicht bloß in einem Traume, ich bin wirklich glücklicher, als ich jemals zu werden hoffen durfte; glücklicher, als es vielleicht dieses kurze Leben zuläßt. Vielleicht erscheint mir dieser Strahl von Glückseligkeit nur darum von ferne und scheinet mir nur darum so schmeichelhaft näher zu kommen, damit er auf einmal wieder in die dickste Finsternis zerfließe und mich auf einmal in einer Nacht lasse, deren Schrecklichkeit mir durch diese kurze Erleuchtung erst recht fühlbar geworden. — Was für Ahnungen quälen mich! — Sind es wirklich Ahnungen, Mellefont, oder sind es gewöhnliche Empfindungen, die von der Erwartung eines unverdienten Glücks und von der Furcht, es zu verlieren, unzertrennlich sind? — Wie schlägt mir das Herz, und wie unordentlich schlägt es! Wie stark itzt, wie geschwind! — Und nun, wie matt, wie bange, wie zitternd!

– Itzt eilt es wieder, als ob es die letzten Schläge wären, die es gern recht schnell hintereinander tun wolle. Armes Herz!

M e l l e f o n t. Die Wallungen des Geblüts, welche plötzliche Überraschungen nicht anders als verursachen können, werden sich legen, Miß, und das Herz wird seine Verrichtungen ruhiger fortsetzen. Keiner seiner Schläge zielet auf das Zukünftige; wir sind zu tadeln – verzeihen Sie, liebste Sara –, wenn wir des Bluts mechanische Drückungen zu fürchterlichen Propheten machen. – Deswegen aber will ich nichts unterlassen, was Sie selbst zur Besänftigung dieses kleinen innerlichen Sturms für dienlich halten. Ich will sogleich schreiben, und Sir William, hoffe ich, soll mit den Beteurungen meiner Reue, mit den Ausdrücken meines gerührten Herzens und mit den Angelobungen des zärtlichsten Gehorsams zufrieden sein.

S a r a. Sir William? Ach Mellefont, fangen Sie doch nun an, sich an einen weit zärtlichern Namen zu gewöhnen. Mein Vater, Ihr Vater, Mellefont –

M e l l e f o n t. Nun ja, Miß, unser gütiger, unser bester Vater! – Ich mußte sehr jung aufhören, diesen süßen Namen zu nennen; sehr jung mußte ich den ebenso süßen Namen »Mutter« verlernen – –

S a r a. Sie haben ihn verlernt, und mir – mir ward es so gut nicht, ihn nur einmal sprechen zu können. Mein Leben war ihr Tod. – Gott! ich ward eine Muttermörderin wider mein Verschulden. Und wie viel fehlte – wie wenig, wie nichts fehlte –, so wäre ich auch eine Vatermörderin geworden! Aber nicht ohne mein Verschulden; eine vorsätzliche Vatermörderin! – Und wer weiß, ob ich es nicht schon bin? Die Jahre, die Tage, die Augenblicke, die er geschwinder zu seinem Ziele kömmt, als er ohne die Betrübnis, die ich ihm verursacht, gekommen wäre – diese hab ich ihm – ich habe sie ihm geraubt. Wenn ihn sein Schicksal auch noch so alt und lebenssatt sterben läßt, so wird mein Gewissen doch nichts gegen den Vorwurf sichern können, daß er ohne mich vielleicht noch später gestorben wäre. Trauriger Vorwurf, den ich mir ohne Zweifel nicht machen dürfte, wenn eine zärtliche Mutter die Führerin meiner Jugend gewesen wäre! Ihre Lehren,

ihr Exempel würden mein Herz – So zärtlich blicken Sie
mich an, Mellefont? Sie haben recht; eine Mutter würde
mich vielleicht mit lauter Liebe tyrannisiert haben, und
ich würde Mellefonts nicht sein. Warum wünsche ich mir
denn also das, was mir das weisere Schicksal nur aus Güte
versagte? Seine Fügungen sind immer die besten. Lassen
Sie uns nur das recht brauchen, was es uns schenkt: einen
Vater, der mich noch nie nach einer Mutter seufzen lassen;
einen Vater, der auch Sie ungenossene Eltern will vergessen
lehren. Welche schmeichelhafte Vorstellung! Ich verliebe
mich selbst darein und vergesse es fast, daß in dem Inner-
sten sich noch etwas regt, das ihm keinen Glauben bei-
messen will. – Was ist es, dieses rebellische Etwas?
M e l l e f o n t. Dieses Etwas, liebste Sara, wie Sie schon
selbst gesagt haben, ist die natürliche furchtsame Schwierigkeit, sich in ein großes Glück zu finden. – Ach, Ihr
Herz machte weniger Bedenken, sich unglücklich zu glauben, als es jetzt zu seiner eignen Pein macht, sich für
glücklich zu halten! – Aber wie dem, der in einer schnel-
len Kreisbewegung drehend geworden, auch da noch,
wenn er schon wieder still sitzt, die äußern Gegenstände
mit ihm herumzugehen scheinen, so wird auch das Herz,
das zu heftig erschüttert worden, nicht auf einmal wieder ruhig. Es bleibt eine zitternde Bebung oft noch lange
zurück, die wir ihrer eignen Abschwächung überlassen
müssen.
S a r a. Ich glaube es, Mellefont, ich glaube es: weil Sie es
sagen; weil ich es wünsche. – Aber lassen Sie uns einer
den andern nicht länger aufhalten. Ich will gehen und
meinen Brief vollenden. Ich darf doch auch den Ihrigen
lesen, wenn ich Ihnen den meinigen werde gezeigt haben?
M e l l e f o n t. Jedes Wort soll Ihrer Beurteilung unterwor-
fen sein; nur das nicht, was ich zu Ihrer Rettung sagen
muß: denn ich weiß es, Sie halten sich nicht für so unschuldig, als Sie sind. (Indem er die Sara bis an die Szene
begleitet.)

ZWEITER AUFTRITT

Mellefont *(nachdem er einigemal tiefsinnig auf und nieder gegangen)*. Was für ein Rätsel bin ich mir selbst! Wofür soll ich mich halten? Für einen Toren? oder für einen Bösewicht? – oder für beides? – Herz, was für ein Schalk bist du! – Ich liebe den Engel, so ein Teufel ich auch sein mag. – Ich lieb ihn? Ja, gewiß, gewiß, ich lieb ihn. Ich weiß, ich wollte tausend Leben für sie aufopfern, für sie, die mir ihre Tugend aufgeopfert hat! Ich wollt' es; jetzt gleich ohne Anstand wollt' ich es – Und doch, doch – Ich erschrecke, mir es selbst zu sagen – Und doch – Wie soll ich es begreifen? – Und doch fürchte ich mich vor dem Augenblicke, der sie auf ewig vor dem Angesichte der Welt zu der Meinigen machen wird. – Er ist nun nicht zu vermeiden; denn der Vater ist versöhnt. Auch weit hinaus werde ich ihn nicht schieben können. Die Verzögerung desselben hat mir schon schmerzhafte Vorwürfe genug zugezogen. So schmerzhaft sie aber waren, so waren sie mir doch erträglicher als der melancholische Gedanke, auf zeitlebens gefesselt zu sein. – Aber bin ich es denn nicht schon? – Ich bin es freilich, und bin es mit Vergnügen. – Freilich bin ich schon ihr Gefangener. – Was will ich also? – Das! – Itzt bin ich ein Gefangener, den man auf sein Wort frei herumgehen läßt: das schmeichelt! Warum kann es dabei nicht sein Bewenden haben? Warum muß ich eingeschmiedet werden und auch sogar den elenden Schatten der Freiheit entbehren? – Eingeschmiedet? Nichts anders! – Sara Sampson, meine Geliebte! Wieviel Seligkeiten liegen in diesen Worten! Sara Sampson, meine Ehegattin! – Die Hälfte dieser Seligkeiten ist verschwunden! und die andre Hälfte – wird verschwinden. – Ich Ungeheuer! – Und bei diesen Gesinnungen soll ich an ihren Vater schreiben? – Doch es sind keine Gesinnungen; es sind Einbildungen! Vermaledeite Einbildungen, die mir durch ein zügelloses Leben so natürlich geworden! Ich will ihrer los werden, oder – nicht leben.

DRITTER AUFTRITT

Norton. Mellefont.

M e l l e f o n t. Du störest mich, Norton!

N o r t o n. Verzeihen Sie also, mein Herr – *(Indem er wieder zurückgehen will.)*

M e l l e f o n t. Nein, nein, bleib da. Es ist ebensogut, daß du mich störest. Was willst du?

N o r t o n. Ich habe von Betty eine sehr freudige Neuigkeit gehört, und ich komme, Ihnen dazu Glück zu wünschen.

M e l l e f o n t. Zur Versöhnung des Vaters doch wohl? Ich danke dir.

N o r t o n. Der Himmel will Sie also noch glücklich machen.

M e l l e f o n t. Wenn er es will – du siehst, Norton, ich lasse mir Gerechtigkeit widerfahren –, so will er es meinetwegen gewiß nicht.

N o r t o n. Nein, wenn Sie dieses erkennen, so will er es auch Ihretwegen.

M e l l e f o n t. Meiner Sara wegen, einzig und allein meiner Sara wegen. Wollte seine schon gerüstete Rache eine ganze sündige Stadt, weniger Gerechten wegen, verschonen, so kann er ja wohl auch *einen* Verbrecher dulden, wenn eine ihm gefällige Seele an dem Schicksale desselben Anteil nimmt.

N o r t o n. Sie sprechen sehr ernsthaft und rührend. Aber drückt sich die Freude nicht etwas anders aus?

M e l l e f o n t. Die Freude, Norton? Sie ist nun für mich dahin.

N o r t o n. Darf ich frei reden? *(Indem er ihn scharf ansieht.)*

M e l l e f o n t. Du darfst.

N o r t o n. Der Vorwurf, den ich an dem heutigen Morgen von Ihnen hören mußte, daß ich mich Ihrer Verbrechen teilhaftig gemacht, weil ich dazu geschwiegen, mag mich bei Ihnen entschuldigen, wenn ich von nun an seltner schweige.

M e l l e f o n t. Nur vergiß nicht, wer du bist.

N o r t o n. Ich will es nicht vergessen, daß ich ein Bedienter bin: ein Bedienter, der auch etwas Bessers sein könnte, wenn er, leider! darnach gelebt hätte. Ich bin Ihr Bedienter, ja; aber nicht auf dem Fuße, daß ich mich gern mit Ihnen möchte verdammen lassen.

M e l l e f o n t. Mit mir? Und warum sagst du das itzt?

N o r t o n. Weil ich nicht wenig erstaune, Sie anders zu finden, als ich mir vorstellte.

M e l l e f o n t. Willst du mich nicht wissen lassen, was du dir vorstelltest?

N o r t o n. Sie in lauter Entzückung zu finden.

M e l l e f o n t. Nur der Pöbel wird gleich außer sich gebracht, wenn ihn das Glück einmal anlächelt.

N o r t o n. Vielleicht, weil der Pöbel noch sein Gefühl hat, das bei Vornehmern durch tausend unnatürliche Vorstellungen verderbt und geschwächt wird. Allein in Ihrem Gesichte ist noch etwas anders als Mäßigung zu lesen. Kaltsinn, Unentschlossenheit, Widerwille – –

M e l l e f o n t. Und wenn auch? Hast du es vergessen, wer noch außer der Sara hier ist? Die Gegenwart der Marwood – –

N o r t o n. Könnte Sie wohl besorgt, aber nicht niedergeschlagen machen. – Sie beunruhiget etwas anders. Und ich will mich gern geirret haben, wenn Sie es nicht lieber gesehen hätten, der Vater wäre noch nicht versöhnt. Die Aussicht in einen Stand, der sich so wenig zu Ihrer Denkungsart schickt – –

M e l l e f o n t. Norton! Norton! du mußt ein erschrecklicher Bösewicht entweder gewesen sein oder noch sein, daß du mich so erraten kannst. Weil du es getroffen hast, so will ich es nicht leugnen. Es ist wahr; so gewiß es ist, daß ich meine Sara ewig lieben werde, so wenig will es mir ein, daß ich sie ewig lieben soll – soll! – Aber besorge nichts; ich will über diese närrische Grille siegen. Oder meinst du nicht, daß es eine Grille ist? Wer heißt mich die Ehe als einen Zwang ansehen? Ich wünsche es mir ja nicht, freier zu sein, als sie mich lassen wird.

N o r t o n. Diese Betrachtungen sind sehr gut. Aber Marwood, Marwood wird Ihren alten Vorurteilen zu Hilfe kommen, und ich fürchte, ich fürchte – –

M e l l e f o n t. Was nie geschehen wird. Du sollst sie noch heute nach London zurückreisen sehen. Da ich dir meine geheimste – Narrheit will ich es nur unterdessen nennen –

gestanden habe, so darf ich dir auch nicht verbergen, daß
ich die Marwood in solche Furcht gejagt habe, daß sie
sich durchaus nach meinem geringsten Winke bequemen
muß.

N o r t o n. Sie sagen mir etwas Unglaubliches.

M e l l e f o n t. Sieh, dieses Mördereisen riß ich ihr aus der
Hand *(er zeigt ihm den Dolch, den er der Marwood ge-*
nommen), als sie mir in der schrecklichsten Wut das Herz
damit durchstoßen wollte. Glaubst du es nun bald, daß
ich ihr festen Obstand gehalten habe? Anfangs zwar fehlte es nicht viel, sie hätte mir ihre Schlinge wieder um den
Hals geworfen. Die Verräterin hat Arabellen bei sich.

N o r t o n. Arabellen?

M e l l e f o n t. Ich habe es noch nicht untersuchen können,
durch welche List sie das Kind wieder in ihre Hände bekommen. Genug, der Erfolg fiel für sie nicht so aus, als
sie es ohne Zweifel gehofft hatte.

N o r t o n. Erlauben Sie, daß ich mich über Ihre Standhaf-
tigkeit freuen und Ihre Besserung schon für halb gebor-
gen halten darf. Allein – da Sie mich doch alles wollen
wissen lassen – was hat sie unter dem Namen der Lady
Solmes hier gesollt?

M e l l e f o n t. Sie wollte ihre Nebenbuhlerin mit aller Gewalt sehen. Ich willigte in ihr Verlangen, teils aus Nachsicht, teils aus Übereilung, teils aus Begierde, sie durch
den Anblick der Besten ihres Geschlechts zu demütigen. –
Du schüttelst den Kopf, Norton? – –

N o r t o n. Das hätte ich nicht gewagt.

M e l l e f o n t. Gewagt? Eigentlich wagte ich nichts mehr
dabei, als ich im Falle der Weigerung gewagt hätte. Sie
würde als Marwood vorzukommen gesucht haben; und
das Schlimmste, was bei ihrem unbekannten Besuche zu
besorgen steht, ist nichts Schlimmers.

N o r t o n. Danken Sie dem Himmel, daß es so ruhig ab-
gelaufen.

M e l l e f o n t. Es ist noch nicht ganz vorbei, Norton. Es
stieß ihr eine kleine Unpäßlichkeit zu, daß sie sich, ohne
Abschied zu nehmen, wegbegeben mußte. Sie will wiederkommen. – Mag sie doch! Die Wespe, die den Stachel
verloren hat *(indem er auf den Dolch weiset, den er wie-*

der in den Busen steckt), kann doch weiter nichts als summen. Aber auch das Summen soll ihr teuer werden, wenn sie zu überlästig damit wird. – Hör ich nicht jemand kommen? Verlaß mich, wenn sie es ist. – Sie ist es. Geh!
(*Norton geht ab.*)

VIERTER AUFTRITT

Mellefont. Marwood.

M a r w o o d. Sie sehen mich ohne Zweifel sehr ungern wiederkommen.

M e l l e f o n t. Ich sehe es sehr gern, Marwood, daß Ihre Unpäßlichkeit ohne Folgen gewesen ist. Sie befinden sich doch besser?

M a r w o o d. So, so!

M e l l e f o n t. Sie haben also nicht wohl getan, sich wieder hieher zu bemühen.

M a r w o o d. Ich danke Ihnen, Mellefont, wenn Sie dieses aus Vorsorge für mich sagen. Und ich nehme es Ihnen nicht übel, wenn Sie etwas anders damit meinen.

M e l l e f o n t. Es ist mir angenehm, Sie so ruhig zu sehen.

M a r w o o d. Der Sturm ist vorüber. Vergessen Sie ihn, bitte ich nochmals.

M e l l e f o n t. Vergessen Sie nur Ihr Versprechen nicht, Marwood, und ich will gern alles vergessen. – Aber, wenn ich wüßte, daß Sie es für keine Beleidigung annehmen wollten, so möchte ich wohl fragen – –

M a r w o o d. Fragen Sie nur, Mellefont. Sie können mich nicht mehr beleidigen. – Was wollten Sie fragen?

M e l l e f o n t. Wie Ihnen meine Miß gefallen habe.

M a r w o o d. Die Frage ist natürlich. Meine Antwort wird so natürlich nicht scheinen, aber sie ist gleichwohl nichts weniger als wahr. – Sie hat mir sehr wohl gefallen.

M e l l e f o n t. Diese Unparteilichkeit entzückt mich. Aber wär' es auch möglich, daß der, welcher die Reize einer Marwood zu schätzen wußte, eine schlechte Wahl treffen könnte?

M a r w o o d. Mit dieser Schmeichelei, Mellefont, wenn es anders eine ist, hätten Sie mich verschonen sollen. Sie will sich mit meinem Vorsatze, Sie zu vergessen, nicht vertragen.

M e l l e f o n t. Sie wollen doch nicht, daß ich Ihnen diesen Vorsatz durch Grobheiten erleichtern soll? Lassen Sie unsere Trennung nicht von der gemeinen Art sein. Lassen Sie uns miteinander brechen wie Leute von Vernunft, die der Notwendigkeit weichen. Ohne Bitterkeit, ohne Groll und mit Beibehaltung eines Grades von Hochachtung, wie er sich zu unserer ehmaligen Vertraulichkeit schickt.

M a r w o o d. Ehmaligen Vertraulichkeit? – Ich will nicht daran erinnert sein. Nichts mehr davon! Was geschehen muß, muß geschehen; und es kömmt wenig auf die Art an, mit welcher es geschieht. – Aber ein Wort noch von Arabellen. Sie wollen mir sie nicht lassen?

M e l l e f o n t. Nein, Marwood.

M a r w o o d. Es ist grausam, da Sie ihr Vater nicht bleiben können, daß Sie ihr auch die Mutter nehmen wollen.

M e l l e f o n t. Ich kann ihr Vater bleiben und will es auch bleiben.

M a r w o o d. So beweisen Sie es gleich itzt.

M e l l e f o n t. Wie?

M a r w o o d. Erlauben Sie, daß Arabella die Reichtümer, welche ich von Ihnen in Verwahrung habe, als ihr Vaterteil besitzen darf. Was ihr Mutterteil anbelangt, so wollte ich wohl wünschen, daß ich ihr ein beßres lassen könnte als die Schande, von mir geboren zu sein.

M e l l e f o n t. Reden Sie nicht so. – Ich will für Arabellen sorgen, ohne ihre Mutter wegen eines anständigen Auskommens in Verlegenheit zu setzen. Wenn sie mich vergessen will, so muß sie damit anfangen, daß sie etwas von mir zu besitzen vergißt. Ich habe Verbindlichkeiten gegen sie und werde es nie aus der Acht lassen, daß sie mein wahres Glück, obschon wider ihren Willen, befördert hat. Ja, Marwood, ich danke Ihnen in allem Ernste, daß Sie unsern Aufenthalt einem Vater verrieten, den bloß die Unwissenheit desselben verhinderte, uns nicht eher wieder anzunehmen.

M a r w o o d. Martern Sie mich nicht mit einem Danke, den ich niemals habe verdienen wollen. Sir William ist ein zu guter alter Narr: er muß anders denken, als ich an seiner

Stelle würde gedacht haben. Ich hätte der Tochter vergeben, und ihrem Verführer hätt' ich – –

M e l l e f o n t. Marwood! – –

M a r w o o d. Es ist wahr; Sie sind es selbst. Ich schweige. – Werde ich der Miß mein Abschiedskompliment bald machen dürfen?

M e l l e f o n t. Miß Sara würde es Ihnen nicht übelnehmen können, wenn sie auch wegreiseten, ohne sie wiederzusprechen.

M a r w o o d. Mellefont, ich spiele meine Rollen nicht gern halb, und ich will, auch unter keinem fremden Namen, für ein Frauenzimmer ohne Lebensart gehalten werden.

M e l l e f o n t. Wenn Ihnen Ihre eigne Ruhe lieb ist, so sollten Sie sich selbst hüten, eine Person nochmals zu sehen, die gewisse Vorstellungen bei Ihnen rege machen muß – –

M a r w o o d *(spöttisch lächelnd).* Sie haben eine bessere Meinung von sich selbst als von mir. Wenn Sie es aber auch glaubten, daß ich Ihretwegen untröstlich sein müßte, so sollten Sie es doch wenigstens ganz in der Stille glauben. – Miß Sara soll gewisse Vorstellungen bei mir rege machen? Gewisse? O ja – aber keine gewisser als diese, daß das beste Mädchen oft den nichtswürdigsten Mann lieben kann.

M e l l e f o n t. Allerliebst, Marwood, allerliebst! Nun sind Sie gleich in der Verfassung, in der ich Sie längst gern gewünscht hätte: ob es mir gleich, wie ich schon gesagt, fast lieber gewesen wäre, wenn wir einige gemeinschaftliche Hochachtung für einander hätten behalten können. Doch vielleicht findet sich diese noch, wenn nur das gärende Herz erst ausgebrauset hat. – Erlauben Sie, daß ich Sie einige Augenblicke allein lasse. Ich will Miß Sampson zu Ihnen holen.

FÜNFTER AUFTRITT

M a r w o o d *(indem sie um sich herumsieht).* Bin ich allein? – Kann ich unbemerkt einmal Atem schöpfen und die Muskeln des Gesichts in ihre natürliche Lage fahren lassen? – Ich muß geschwind einmal in allen Mienen die wahre Marwood sein, um den Zwang der Verstellung wieder aushalten zu können. – Wie hasse ich dich, niedrige Verstellung! Nicht, weil ich die Aufrichtigkeit liebe, sondern weil du die armseligste Zuflucht der ohnmächtigen Rachsucht bist. Gewiß würde ich mich zu dir nicht herablassen, wenn mir ein Tyrann seine Gewalt oder der Himmel seinen Blitz anvertrauen wollte. – Doch wann du mich nur zu meinem Zwecke bringst! – Der Anfang verspricht es; und Mellefont scheinet noch sicherer werden zu wollen. Wenn mir meine List gelingt, daß ich mit seiner Sara allein sprechen kann: so – ja, so ist es doch noch sehr ungewiß, ob es mir etwas helfen wird. Die Wahrheiten von dem Mellefont werden ihr vielleicht nichts Neues sein; die Verleumdungen wird sie vielleicht nicht glauben und die Drohungen vielleicht verachten. Aber doch soll sie Wahrheit, Verleumdung und Drohungen von mir hören. Es wäre schlecht, wenn sie in ihrem Gemüte ganz und gar keinen Stachel zurückließen. – Still! sie kommen. Ich bin nun nicht mehr Marwood; ich bin eine nichtswürdige Verstoßene, die durch kleine Kunstgriffe die Schande von sich abzuwehren sucht; ein getretner Wurm, der sich krümmet und dem, der ihn getreten hat, wenigstens die Ferse gern verwunden möchte.

SECHSTER AUFTRITT

Sara. Mellefont. Marwood.

S a r a. Ich freue mich, Lady, daß meine Unruhe vergebens gewesen ist.

M a r w o o d. Ich danke Ihnen, Miß. Der Zufall war zu klein, als daß er Sie hätte beunruhigen sollen.

M e l l e f o n t. Lady will sich Ihnen empfehlen, liebste Sara.

S a r a. So eilig, Lady?

M a r w o o d. Ich kann es für die, denen an meiner Gegenwart in London gelegen ist, nicht genug sein.

S a r a. Sie werden doch heute nicht wieder aufbrechen?

M a r w o o d. Morgen mit dem Frühesten.

M e l l e f o n t. Morgen mit dem Frühsten, Lady? Ich glaubte, noch heute.

S a r a. Unsere Bekanntschaft, Lady, fängt sich sehr im Vorbeigehn an. Ich schmeichle mir, in Zukunft eines nähern Umgangs mit Ihnen gewürdiget zu werden.

M a r w o o d. Ich bitte um Ihre Freundschaft, Miß.

M e l l e f o n t. Ich stehe Ihnen dafür, liebste Sara, daß diese Bitte der Lady aufrichtig ist, ob ich Ihnen gleich voraussagen muß, daß Sie einander ohne Zweifel lange nicht wiedersehen werden. Lady wird sich mit uns sehr selten an einem Orte aufhalten können – –

M a r w o o d *(beiseite).* Wie fein!

S a r a. Mellefont, das heißt mir eine sehr angenehme Hoffnung rauben.

M a r w o o d. Ich werde am meisten dabei verlieren, glückliche Miß.

M e l l e f o n t. Aber in der Tat, Lady, wollen Sie erst morgen früh wieder fort?

M a r w o o d. Vielleicht auch eher. *(Beiseite.)* Es will noch niemand kommen!

M e l l e f o n t. Auch wir wollen uns nicht lange mehr hier aufhalten. Nicht wahr, liebste Miß, es wird gut sein, wenn wir unserer Antwort ungesäumt nachfolgen? Sir William kann unsere Eilfertigkeit nicht übelnehmen.

SIEBENTER AUFTRITT

Betty. Mellefont. Sara. Marwood.

M e l l e f o n t. Was willst du, Betty?

B e t t y. Man verlangt Sie unverzüglich zu sprechen.

M a r w o o d *(beiseite).* Ha! nun kömmt es drauf an – –

M e l l e f o n t. Mich? unverzüglich? Ich werde gleich kommen. – Lady, ist es Ihnen gefällig, Ihren Besuch abzukürzen?

S a r a. Warum das, Mellefont? – Lady wird so gütig sein und bis zu Ihrer Zurückkunft warten.

M a r w o o d. Verzeihen Sie, Miß; ich kenne meinen Vetter Mellefont und will mich lieber mit ihm wegbegeben.

B e t t y. Der Fremde, mein Herr – Er will Sie nur auf ein Wort sprechen. Er sagt, er habe keinen Augenblick zu versäumen – –

M e l l e f o n t. Geh nur; ich will gleich bei ihm sein – Ich
vermute, Miß, daß es eine endliche Nachricht von dem
Vergleiche sein wird, dessen ich gegen Sie gedacht habe.

(Betty gehet ab.)

M a r w o o d *(beiseite)*. Gute Vermutung!

M e l l e f o n t. Aber doch, Lady – –

M a r w o o d. Wenn Sie es denn befehlen – Miß, so muß
ich mich Ihnen – –

S a r a. Nein doch, Mellefont: Sie werden mir ja das Vergnügen nicht mißgönnen, Lady Solmes so lange unterhal-
ten zu dürfen?

M e l l e f o n t. Sie wollen es, Miß? – –

S a r a. Halten Sie sich nicht auf, liebster Mellefont, und
kommen Sie nur bald wieder. Aber mit einem freudigern
Gesichte, will ich wünschen! Sie vermuten ohne Zweifel
eine unangenehme Nachricht. Lassen Sie sich nichts an-
fechten; ich bin begieriger, zu sehen, ob Sie allenfalls auf
eine gute Art mich einer Erbschaft vorziehen können, als
ich begierig bin, Sie in dem Besitze derselben zu wissen. – –

M e l l e f o n t. Ich gehorche. *(Warnend.)* Lady, ich bin ganz
gewiß den Augenblick wieder hier. *(Geht ab.)*

M a r w o o d *(beiseite)*. Glücklich!

ACHTER AUFTRITT

Sara. Marwood.

S a r a. Mein guter Mellefont sagt seine Höflichkeiten
manchmal mit einem ganz falschen Tone. Finden Sie es
nicht auch, Lady? – –

M a r w o o d. Ohne Zweifel bin ich seiner Art schon allzu
gewohnt, als daß ich so etwas bemerken könnte.

S a r a. Wollen sich Lady nicht setzen?

M a r w o o d. Wenn Sie befehlen, Miß – *(Beiseite, indem
sie sich setzen.)* Ich muß diesen Augenblick nicht unge-
braucht vorbeistreichen lassen.

S a r a. Sagen Sie mir, Lady, werde ich nicht das glücklichste
Frauenzimmer mit meinem Mellefont werden?

M a r w o o d. Wenn sich Mellefont in sein Glück zu finden weiß, so wird ihn Miß Sara zu der beneidenswürdigsten Mannsperson machen. Aber – –

S a r a. Ein Aber und eine so nachdenkliche Pause, Lady – –

M a r w o o d. Ich bin offenherzig, Miß – –

S a r a. Und dadurch unendlich schätzbarer –

M a r w o o d. Offenherzig – nicht selten bis zur Unbedachtsamkeit. Mein *Aber* ist der Beweis davon. Ein sehr unbedächtiges Aber!

S a r a. Ich glaube nicht, daß mich Lady durch diese Ausweichung noch unruhiger machen wollen. Es mag wohl eine grausame Barmherzigkeit sein, ein Übel, das man zeigen könnte, nur argwohnen zu lassen.

M a r w o o d. Nicht doch, Miß; Sie denken bei meinem Aber viel zu viel. Mellefont ist mein Anverwandter – – –

S a r a. Desto wichtiger wird die geringste Einwendung, die Sie wider ihn zu machen haben.

M a r w o o d. Aber wenn Mellefont auch mein Bruder wäre, so muß ich Ihnen doch sagen, daß ich mich ohne Bedenken einer Person meines Geschlechts gegen ihn annehmen würde, wenn ich bemerkte, daß er nicht rechtschaffen genug an ihr handle. Wir Frauenzimmer sollten billig jede Beleidigung, die einer einzigen von uns erwiesen wird, zu Beleidigungen des ganzen Geschlechts und zu einer allgemeinen Sache machen, an der auch die Schwester und Mutter des Schuldigen Anteil zu nehmen sich nicht bedenken müßten.

S a r a. Diese Anmerkung – – –

M a r w o o d. Ist schon dann und wann in zweifelhaften Fällen meine Richtschnur gewesen.

S a r a. Und verspricht mir – Ich zittere –

M a r w o o d. Nein, Miß; wenn Sie zittern wollen – Lassen Sie uns von etwas anderm sprechen – –

S a r a. Grausame Lady!

M a r w o o d. Es tut mir leid, daß ich verkannt werde. Ich wenigstens, wenn ich mich in Gedanken an Miß Sampsons Stelle setze, würde jede nähere Nachricht, die man mir von demjenigen geben wollte, mit dessen Schicksale ich das meinige auf ewig zu verbinden bereit wäre, als eine Wohltat ansehen.

S a r a. Was wollen Sie, Lady? Kenne ich meinen Mellefont nicht schon? Glauben Sie mir, ich kenne ihn wie meine eigne Seele. Ich weiß, daß er mich liebt – –

M a r w o o d. Und andre – –

S a r a. Geliebt hat. Auch das weiß ich. Hat er mich lieben sollen, ehe er von mir etwas wußte? Kann ich die einzige zu sein verlangen, die für ihn Reize genug gehabt hat? Muß ich mir es nicht selbst gestehen, daß ich mich, ihm zu gefallen, bestrebt habe? Ist er nicht liebenswürdig genug, daß er bei mehrern dieses Bestreben hat erwecken müssen? Und ist es nicht natürlich, wenn mancher dieses Bestreben gelungen ist?

M a r w o o d. Sie verteidigen ihn mit ebender Hitze und fast mit ebenden Gründen, mit welchen ich ihn schon oft verteidiget habe. Es ist kein Verbrechen, geliebt haben; noch viel weniger ist es eines, geliebet worden sein. Aber die Flatterhaftigkeit ist ein Verbrechen.

S a r a. Nicht immer; denn oft, glaube ich, wird sie durch die Gegenstände der Liebe entschuldiget, die es immer zu bleiben selten verdienen.

M a r w o o d. Miß Sampsons Sittenlehre scheinet nicht die strengste zu sein.

S a r a. Es ist wahr; die, nach der ich diejenigen zu richten pflege, welche es selbst gestehen, daß sie auf Irrwegen gegangen sind, ist die strengste nicht. Sie muß es auch nicht sein. Denn hier kömmt es nicht darauf an, die Schranken zu bestimmen, die uns die Tugend bei der Liebe setzt, sondern bloß darauf, die menschliche Schwachheit zu entschuldigen, wenn sie in diesen Schranken nicht geblieben ist, und die daraus entstehenden Folgen nach den Regeln der Klugheit zu beurteilen. Wenn zum Exempel ein Mellefont eine Marwood liebt und sie endlich verläßt; so ist dieses Verlassen, in Vergleichung mit der Liebe selbst, etwas sehr Gutes. Es wäre ein Unglück, wenn er eine Lasterhafte deswegen, weil er sie einmal geliebt hat, ewig lieben müßte.

M a r w o o d. Aber, Miß, kennen Sie denn diese Marwood, welche Sie so getrost eine Lasterhafte nennen?

S a r a. Ich kenne sie aus der Beschreibung des Mellefont.

M a r w o o d. Des Mellefont? Ist es Ihnen denn nie beigefallen, daß Mellefont in seiner eigenen Sache nichts anders als ein sehr ungültiger Zeuge sein könne?

S a r a. – Nun merke ich es erst, Lady, daß Sie mich auf die Probe stellen wollen. Mellefont wird lächeln, wenn Sie es ihm wiedersagen werden, wie ernsthaft ich mich seiner angenommen.

M a r w o o d. Verzeihen Sie, Miß; von dieser Unterredung muß Mellefont nichts wiedererfahren. Sie denken zu edel, als daß Sie, zum Danke für eine wohlgemeinte Warnung, eine Anverwandte mit ihm entzweien wollten, die sich nur deswegen wider ihn erklärt, weil sie sein unwürdiges Verfahren gegen mehr als eine der liebenswürdigsten Personen unsers Geschlechts so ansieht, als ob sie selbst darunter gelitten hätte.

S a r a. Ich will niemand entzweien, Lady; und ich wünschte, daß es andre ebensowenig wollten.

M a r w o o d. Soll ich Ihnen die Geschichte der Marwood in wenig Worten erzählen?

S a r a. Ich weiß nicht – Aber doch ja, Lady; nur mit dem Beding, daß Sie davon aufhören, sobald Mellefont zurückkömmt. Er möchte denken, ich hätte mich aus eignem Triebe darnach erkundiget; und ich wollte nicht gern, daß er mir eine ihm so nachteilige Neubegierde zutrauen könnte.

M a r w o o d. Ich würde Miß Sampson um gleiche Vorsicht gebeten haben, wenn sie mir nicht zuvorgekommen wäre. Er muß es auch nicht argwohnen können, daß Marwood unser Gespräch gewesen ist; und Sie werden so behutsam sein, Ihre Maßregeln ganz in der Stille darnach zu nehmen. – Hören Sie nunmehr! – Marwood ist aus einem guten Geschlechte. Sie war eine junge Witwe, als sie Mellefont bei einer ihrer Freundinnen kennenlernte. Man sagt, es habe ihr weder an Schönheit noch an derjenigen Anmut gemangelt, ohne welche die Schönheit tot sein würde. Ihr guter Name war ohne Flecken. Ein einziges fehlte ihr: – Vermögen. Alles, was sie besessen hatte – und es sollen ansehnliche Reichtümer gewesen sein –, hatte sie für die Befreiung eines Mannes aufgeopfert, dem sie nichts in der Welt vorenthalten zu dürfen glaubte, nachdem sie ihm einmal ihr Herz und ihre Hand schenken wollen.

S a r a. Wahrlich ein edler Zug, Lady, von dem ich wollte,
daß er in einem bessern Gemälde prangte!

M a r w o o d. Des Mangels an Vermögen ungeachtet ward
sie von Personen gesucht, die nichts eifriger wünschten,
als sie glücklich zu machen. Unter diesen reichen und vor-
nehmen Anbetern trat Mellefont auf. Sein Antrag war
ernstlich, und der Überfluß, in welchen er die Marwood
zu setzen versprach, war das geringste, worauf er sich
stützte. Er hatte es bei der ersten Unterredung weg, daß
er mit keiner Eigennützigen zu tun habe, sondern mit
einem Frauenzimmer, voll des zärtlichsten Gefühls, welches eine Hütte einem Palaste würde vorgezogen haben,
wenn sie in jener mit einer geliebten und in diesem mit
einer gleichgültigen Person hätte leben sollen.

S a r a. Wieder ein Zug, den ich der Marwood nicht gönne.
Schmeicheln Sie ihr ja nicht mehr, Lady; oder ich möchte
sie am Ende bedauern müssen.

M a r w o o d. Mellefont war eben im Begriffe, sich auf die
feierlichste Art mit ihr zu verbinden, als er Nachricht von
dem Tode eines Vetters bekam, welcher ihm sein ganzes
Vermögen mit der Bedingung hinterließ, eine weitläuftige
Anverwandte zu heiraten. Hatte Marwood seinetwegen
reichere Verbindungen ausgeschlagen, so wollte er ihr nunmehr an Großmut nichts nachgeben. Er war willens, ihr
von dieser Erbschaft eher nichts zu sagen, als bis er sich
derselben durch sie würde verlustig gemacht haben. –
Nicht wahr, Miß, das war groß gedacht?

S a r a. O Lady, wer weiß es besser als ich, daß Mellefont
das edelste Herz besitzt?

M a r w o o d. Was aber tat Marwood? Sie erfuhr es unter
der Hand, noch spät an einem Abende, wozu sich Mellefont ihrentwegen entschlossen hätte. Mellefont kam des
Morgens, sie zu besuchen, und Marwood war fort.

S a r a. Wohin? Warum?

M a r w o o d. Er fand nichts als einen Brief von ihr, worin
sie ihm entdeckte, daß er sich keine Rechnung machen
dürfe, sie jemals wiederzusehen. Sie leugne es zwar nicht,
daß sie ihn liebe; aber eben deswegen könne sie sich nicht
überwinden, die Ursache einer Tat zu sein, die er notwen-
dig einmal bereuen müsse. Sie erlasse ihn seines Verspre-

chens und ersuche ihn, ohne weiteres Bedenken, durch die Vollziehung der in dem Testamente vorgeschriebnen Verbindung, in den Besitz eines Vermögens zu treten, welches ein Mann von Ehre zu etwas Wichtigerm brauchen könne, als einem Frauenzimmer eine unüberlegte Schmeichelei damit zu machen.

S a r a. Aber, Lady, warum leihen Sie der Marwood so vortreffliche Gesinnungen? Lady Solmes kann derselben wohl fähig sein, aber nicht Marwood. Gewiß Marwood nicht.

M a r w o o d. Es ist nicht zu verwundern, Miß, daß Sie wider sie eingenommen sind. – Mellefont wollte über den Entschluß der Marwood von Sinnen kommen. Er schickte überall Leute aus, sie wieder aufzusuchen; und endlich fand er sie.

S a r a. Weil sie sich finden lassen wollte, ohne Zweifel.

M a r w o o d. Keine bittere Glossen, Miß! Sie geziemen einem Frauenzimmer von einer sonst so sanften Denkungsart nicht. – Er fand sie, sag ich; und fand sie unbeweglich. Sie wollte seine Hand durchaus nicht annehmen; und alles, was er von ihr erhalten konnte, war dieses, daß sie nach London zurückzukommen versprach. Sie wurden eins, ihre Vermählung so lange auszusetzen, bis die Anverwandte, des langen Verzögerns überdrüssig, einen Vergleich vorzuschlagen gezwungen sei. Unterdessen konnte sich Marwood nicht wohl der täglichen Besuche des Mellefont entbrechen, die eine lange Zeit nichts als ehrfurchtsvolle Besuche eines Liebhabers waren, den man in die Grenzen der Freundschaft zurückgewiesen hat. Aber wie unmöglich ist es, daß ein hitziges Temperament diese engen Grenzen nicht überschreiten sollte! Mellefont besitzt alles, was uns eine Mannsperson gefährlich machen kann. Niemand kann hiervon überzeugter sein als Miß Sampson selbst.

S a r a. Ach!

M a r w o o d. Sie seufzen? Auch Marwood hat über ihre Schwachheit mehr als einmal geseufzet und seufzet noch.

S a r a. Genug, Lady, genug; diese Wendung, sollte ich meinen, war mehr als eine bittere Glosse, die Sie mir zu untersagen beliebten.

M a r w o o d. Ihre Absicht war nicht, zu beleidigen, son-

dern bloß die unglückliche Marwood Ihnen in einem
Lichte zu zeigen, in welchem Sie am richtigsten von ihr
urteilen könnten. – Kurz, die Liebe gab dem Mellefont
die Rechte eines Gemahls; und Mellefont hielt es länger
nicht für nötig, als durch die Gesetze gültig machen zu
lassen. Wie glücklich wäre Marwood, wenn sie, Mellefont
und der Himmel nur allein von ihrer Schande wüßten!
Wie glücklich, wenn nicht eine jammernde Tochter dasjenige der ganzen Welt entdeckte, was sie vor sich selbst
verbergen zu können wünschte!

S a r a. Was sagen Sie, Lady? Eine Tochter – –

M a r w o o d. Ja, Miß, eine unglückliche Tochter verlieret
durch die Darzwischenkunft der Sara Sampson alle Hoffnung, ihre Eltern jemals ohne Abscheu nennen zu können.

S a r a. Schreckliche Nachricht! Und dieses hat mir Mellefont
verschwiegen? – – Darf ich es auch glauben, Lady?

M a r w o o d. Sie dürfen sicher glauben, Miß, daß Ihnen
Mellefont vielleicht noch mehr verschwiegen hat.

S a r a. Noch mehr? Was könnte er mir noch mehr verschwiegen haben?

M a r w o o d. Dieses, daß er die Marwood noch liebt.

S a r a. Sie töten mich, Lady!

M a r w o o d. Es ist unglaublich, daß sich eine Liebe, welche länger als zehn Jahr gedauert hat, so geschwind verlieren könne. Sie kann zwar eine kurze Verfinsterung lei-
den, weiter aber auch nichts als eine kurze Verfinsterung,
aus welcher sie hernach mit neuem Glanze wieder hervor-
bricht. Ich könnte Ihnen eine Miß Oklaff, eine Miß Dor-
kas, eine Miß Moor und mehrere nennen, welche, eine
nach der andern, der Marwood einen Mann abspenstig zu
machen drohten, von welchem sie sich am Ende auf das
grausamste hintergangen sahen. Er hat einen gewissen
Punkt, über welchen er sich nicht bringen läßt, und sobald er diesen scharf in das Gesicht bekömmt, springt er
ab. Gesetzt aber, Miß, Sie wären die einzige Glückliche,
bei welcher sich alle Umstände wider ihn erklärten; gesetzt, Sie brächten ihn dahin, daß er seinen nunmehr zur
Natur gewordenen Abscheu gegen ein förmliches Joch
überwinden müßte: glaubten Sie wohl dadurch seines Herzens versichert zu sein?

S a r a. Ich Unglückliche! Was muß ich hören!

M a r w o o d. Nichts weniger. Alsdann würde er eben am allerersten in die Arme derjenigen zurückeilen, die auf seine Freiheit so eifersüchtig nicht gewesen. Sie würden seine Gemahlin heißen, und jene würde es sein.

S a r a. Martern Sie mich nicht länger mit so schrecklichen Vorstellungen! Raten Sie mir vielmehr, Lady, ich bitte Sie, raten Sie mir, was ich tun soll. Sie müssen ihn kennen. Sie müssen es wissen, durch was es etwa noch möglich ist, ihm ein Band angenehm zu machen, ohne welches auch die aufrichtigste Liebe eine unheilige Leidenschaft bleibet.

M a r w o o d. Daß man einen Vogel fangen kann, Miß, das weiß ich wohl. Aber daß man ihm seinen Käfig angenehmer als das freie Feld machen könne, das weiß ich nicht. Mein Rat wäre also, daß er lieber nicht zu fangen und sich den Verdruß über die vergebne Mühe zu ersparen. Begnügen Sie sich, Miß, an dem Vergnügen, ihn sehr nahe an Ihrer Schlinge gesehen zu haben; und weil Sie voraussehen können, daß er die Schlinge ganz gewiß zerreißen werde, wenn Sie ihn vollends hineinlockten, so schonen Sie Ihre Schlinge und locken ihn nicht herein.

S a r a. Ich weiß nicht, ob ich dieses tändelnde Gleichnis recht verstehe, Lady –

M a r w o o d. Wenn Sie verdrießlich darüber geworden sind, so haben Sie es verstanden. – Mit einem Worte, Ihr eigner Vorteil sowohl als der Vorteil einer andern, die Klugheit sowohl als die Billigkeit können und sollen Miß Sampson bewegen, ihre Ansprüche auf einen Mann aufzugeben, auf den Marwood die ersten und stärksten hat. Noch stehen Sie, Miß, mit ihm so, daß Sie, ich will nicht sagen mit vieler Ehre, aber doch ohne öffentliche Schande von ihm ablassen können. Eine kurze Verschwindung mit einem Liebhaber ist zwar ein Fleck, aber doch ein Fleck, den die Zeit ausbleichet. In einigen Jahren ist alles vergessen, und es finden sich für eine reiche Erbin noch immer Mannspersonen, die es so genau nicht nehmen. Wenn Marwood in diesen Umständen wäre und sie brauchte weder für ihre im Abzuge begriffene Reize einen Gemahl noch für ihre hilflose Tochter einen Vater, so weiß ich gewiß, Marwood würde gegen Miß Sampson großmütiger

handeln, als Miß Sampson gegen die Marwood zu handeln schimpfliche Schwierigkeiten macht.

S a r a *(indem sie unwillig aufsteht)*. Das geht zu weit! Ist
dieses die Sprache einer Anverwandten des Mellefont? –
Wie unwürdig verrät man Sie, Mellefont! – Nun merke
ich es, Lady, warum er Sie so ungern bei mir allein lassen
wollte. Er mag es schon wissen, wieviel man von Ihrer
Zunge zu fürchten habe. Eine giftige Zunge! – Ich rede
dreist! Denn Lady haben lange genug unanständig gere-
det. Wodurch hat Marwood sich eine solche Vorsprecherin
erwerben können, die alle ihre Erfindungskraft aufbietet,
mir einen blendenden Roman von ihr aufzudringen, und
alle Ränke anwendet, mich gegen die Redlichkeit eines
Mannes argwöhnisch zu machen, der ein Mensch, aber
kein Ungeheuer ist? Ward es mir nur deswegen gesagt,
daß sich Marwood einer Tochter von ihm rühme; ward
mir nur deswegen diese und jene betrogene Miß genannt,
damit man mir am Ende auf die empfindlichste Art zu
verstehen geben könne, ich würde wohl tun, wenn ich
mich selbst einer verhärteten Buhlerin nachsetzte?

M a r w o o d. Nur nicht so hitzig, mein junges Frauenzimmer. Eine verhärtete Buhlerin? – Sie brauchen wahr-
scheinlicherweise Worte, deren Kraft Sie nicht überlegt
haben.

S a r a. Erscheint sie nicht als eine solche, selbst in der Schil-
derung der Lady Solmes? – Gut, Lady; Sie sind ihre
Freundin, ihre vertrauteste Freundin vielleicht. Ich sage
dieses nicht als einen Vorwurf; denn es kann leicht in der
Welt nicht wohl möglich sein, nur lauter tugendhafte
Freunde zu haben. Allein wie komme ich dazu, dieser Ihrer
Freundschaft wegen so tief herabgestoßen zu werden?
Wenn ich der Marwood Erfahrung gehabt hätte, so würde
ich den Fehltritt gewiß nicht getan haben, der mich mit
ihr in eine so erniedrigende Parallel setzt. Hätte ich ihn
aber doch getan, so würde ich wenigstens nicht zehn Jahr
darin verharret sein. Es ist ganz etwas anders, aus Unwissenheit auf das Laster treffen, und ganz etwas anders, es
kennen und demungeachtet mit ihm vertraulich werden. –
Ach, Lady, wenn Sie es wüßten, was für Reue, was für
Gewissensbisse, was für Angst mich mein Irrtum gekostet!

Mein Irrtum, sag ich; denn warum soll ich länger so grausam gegen mich sein und ihn als ein Verbrechen betrachten? Der Himmel selbst hört auf, ihn als ein solches anzusehen; er nimmt die Strafe von mir und schenkt mir einen Vater wieder – Ich erschrecke, Lady; wie verändern sich auf einmal die Züge Ihres Gesichts? Sie glühen; aus dem starren Auge schreckt Wut, und des Mundes knirschende Bewegung – Ach! wo ich Sie erzürnt habe, Lady, so bitte ich um Verzeihung. Ich bin eine empfindliche Närrin; was Sie gesagt haben, war ohne Zweifel so böse nicht gemeint. Vergessen Sie meine Übereilung. Wodurch kann ich Sie besänftigen? Wodurch kann auch ich mir eine Freundin an Ihnen erwerben, so wie sie Marwood an Ihnen gefunden hat? Lassen Sie mich, Lady, lassen Sie mich fußfällig darum bitten – *(indem sie niederfällt)*, um Ihre Freundschaft, Lady – Und wo ich diese nicht erhalten kann, um die Gerechtigkeit wenigstens, mich und Marwood nicht in einen Rang zu setzen.

M a r w o o d *(die einige Schritte stolz zurücktritt und die Sara liegen läßt).* Diese Stellung der Sara Sampson ist für Marwood viel zu reizend, als daß sie nur unerkannt darüber frohlocken sollte – Erkennen Sie, Miß, in mir die Marwood, mit der Sie nicht verglichen zu werden die Marwood selbst fußfällig bitten.

S a r a *(die voller Erschrecken aufspringt und sich zitternd zurückzieht).* Sie Marwood? – Ha! Nun erkenn ich sie – nun erkenn ich sie, die mördrische Retterin, deren Dolche mich ein warnender Traum preisgab. Sie ist es! Flieh, unglückliche Sara! Retten Sie mich, Mellefont; retten Sie Ihre Geliebte! Und du, süße Stimme meines geliebten Vaters, erschalle! Wo schallt sie? wo soll ich auf sie zueilen? – hier? – da? – Hilfe, Mellefont! Hilfe, Betty! – Itzt dringt sie mit tötender Faust auf mich ein! Hilfe! *(Eilt ab.)*

NEUNTER AUFTRITT

M a r w o o d. Was will die Schwärmerin? – O daß sie wahr red'te und ich mit tötender Faust auf sie eindränge! Bis hieher hätte ich den Stahl sparen sollen, ich Törichte!

Welche Wollust, eine Nebenbuhlerin in der freiwilligen
Erniedrigung zu unsern Füßen durchbohren zu können! –
Was nun? – Ich bin entdeckt. Mellefont kann den Augenblick hier sein. Soll ich ihn fliehen? Soll ich ihn erwarten?
Ich will ihn erwarten, aber nicht müßig. Vielleicht, daß ihn
die glückliche List meines Bedienten noch lange genug aufhält! – Ich sehe, ich werde gefürchtet. Warum folge ich
ihr also nicht? Warum versuche ich nicht noch das letzte,
das ich wider sie brauchen kann? Drohungen sind arm-
selige Waffen: doch die Verzweiflung verschmäht keine,
so armselig sie sind. Ein schreckhaftes Mädchen, das betäubt und mit zerrütteten Sinnen schon vor meinem Namen flieht, kann leicht fürchterliche Worte für fürchterliche Taten halten. Aber Mellefont? – Mellefont wird ihr
wieder Mut machen und sie über meine Drohungen spot-
ten lehren. Er wird? Vielleicht wird er auch nicht. Es wäre
wenig in der Welt unternommen worden, wenn man nur
immer auf den Ausgang gesehen hätte. Und bin ich auf
den unglücklichsten nicht schon vorbereitet? – Der Dolch
war für andre, das Gift ist für mich! – Das Gift für
mich! Schon längst mit mir herumgetragen, wartet es hier,
dem Herzen bereits nahe, auf den traurigen Dienst; hier,
wo ich in bessern Zeiten die geschriebenen Schmeicheleien
der Anbeter verbarg; für uns ein ebenso gewisses, aber
nur langsamres Gift. – Wenn es doch nur bestimmt wäre,
in meinen Adern nicht allein zu toben! Wenn es doch
einem Ungetreuen – Was halte ich mich mit Wünschen
auf? – Fort! Ich muß weder mich noch sie zu sich selbst
kommen lassen. Der will sich nichts wagen, der sich mit
kaltem Blute wagen will. *(Gehet ab.)*

   (Ende des vierten Aufzuges.)

FÜNFTER AUFZUG

ERSTER AUFTRITT

Das Zimmer der Sara.

Sara (schwach in einem Lehnstuhle). Betty.

B e t t y. Fühlen Sie nicht, Miß, daß Ihnen ein wenig besser wird?

S a r a. Besser, Betty? – Wenn nur Mellefont wiederkommen wollte. Du hast doch nach ihm ausgeschickt?

B e t t y. Norton und der Wirt suchen ihn.

S a r a. Norton ist ein guter Mensch, aber er ist hastig. Ich will durchaus nicht, daß er seinem Herrn meinetwegen Grobheiten sagen soll. Wie er es selbst erzählte, so ist Mellefont ja an allem unschuldig. – Nicht wahr, Betty, du hältst ihn auch für unschuldig? – Sie kömmt ihm nach; was kann er dafür? Sie tobt, sie raset, sie will ihn ermorden. Siehst du, Betty? dieser Gefahr habe ich ihn ausgesetzt. Wer sonst als ich? – Und endlich will die böse Marwood mich sehen oder nicht eher nach London zurückkehren. Konnte er ihr diese Kleinigkeit abschlagen? Bin ich doch auch oft begierig gewesen, die Marwood zu sehen. Mellefont weiß wohl, daß wir neugierige Geschöpfe sind. Und wenn ich nicht selbst darauf gedrungen hätte, daß sie bis zu seiner Zurückkunft bei mir verziehen sollte, so würde er sie wieder mit weggenommen haben. Ich würde sie unter einem falschen Namen gesehen haben, ohne zu wissen, daß ich sie gesehen hätte. Und vielleicht würde mir dieser kleine Betrug einmal angenehm gewesen sein. Kurz, alle Schuld ist mein. – Je nun, ich bin erschrocken; weiter bin ich ja nichts? Die kleine Ohnmacht wollte nicht viel sagen. Du weißt wohl, Betty, ich bin dazu geneigt.

B e t t y. Aber in so tiefer hatte ich Miß noch nie gesehen.

S a r a. Sage es mir nur nicht. Ich werde dir gutherzigen Mädchen freilich zu schaffen gemacht haben.

B e t t y. Marwood selbst schien durch die Gefahr, in der

Sie sich befanden, gerühret zu sein. So stark ich ihr auch anlag, daß sie sich nur fortbegeben möchte, so wollte sie doch das Zimmer nicht eher verlassen, als bis Sie die Augen ein wenig wieder aufschlugen und ich Ihnen die Arzenei einflößen konnte.

S a r a. Ich muß es wohl gar für ein Glück halten, daß ich in Ohnmacht gefallen bin. Denn wer weiß, was ich noch von ihr hätte hören müssen. Umsonst mochte sie mir gewiß nicht in mein Zimmer gefolgt sein. Du glaubst nicht, wie außer mir ich war. Auf einmal fiel mir der schreckliche Traum von voriger Nacht ein, und ich flohe als eine Unsinnige, die nicht weiß, warum und wohin sie flieht. – Aber Mellefont kömmt noch nicht. – Ach! –

B e t t y. Was für ein Ach, Miß? Was für Zuckungen? –

S a r a. Gott! was für eine Empfindung war dieses – –

B e t t y. Was stößt Ihnen wieder zu?

S a r a. Nichts, Betty. – Ein Stich! nicht *ein* Stich, tausend feurige Stiche in einem! – Sei nur ruhig; es ist vorbei.

ZWEITER AUFTRITT

Norton. Sara. Betty.

N o r t o n. Mellefont wird den Augenblick hier sein.

S a r a. Nun, das ist gut, Norton. Aber wo hast du ihn noch gefunden?

N o r t o n. Ein Unbekannter hat ihn bis vor das Tor mit sich gelockt, wo ein Herr auf ihn warte, der in Sachen von der größten Wichtigkeit mit ihm sprechen müsse. Nach langem Herumführen hat sich der Betrüger ihm von der Seite geschlichen. Es ist sein Unglück, wo er sich ertappen läßt; so wütend ist Mellefont.

S a r a. Hast du ihm gesagt, was vorgegangen?

N o r t o n. Alles.

S a r a. Aber mit einer Art – –

N o r t o n. Ich habe auf die Art nicht denken können. Genug, er weiß es, was für Angst Ihnen seine Unvorsichtigkeit wieder verursacht hat.

S a r a. Nicht doch, Norton; ich habe mir sie selbst verursacht. – –

N o r t o n. Warum soll Mellefont niemals unrecht haben? –
Kommen Sie nur, mein Herr; die Liebe hat Sie bereits entschuldiget.

DRITTER AUFTRITT

Mellefont. Norton. Sara. Betty.

M e l l e f o n t. Ach, Miß, wenn auch diese Ihre Liebe nicht
wäre –
S a r a. So wäre ich von uns beiden gewiß die Unglücklich-
ste. Ist Ihnen in Ihrer Abwesenheit nur nichts Verdrieß-
lichers zugestoßen als mir, so bin ich vergnügt.
M e l l e f o n t. So gütig empfangen zu werden, habe ich
nicht verdient.
S a r a. Verzeihen Sie es meiner Schwachheit, daß ich Sie
nicht zärtlicher empfangen kann. Bloß Ihrer Zufrieden-
heit wegen wünschte ich, mich weniger krank zu fühlen.
M e l l e f o n t. Ha, Marwood, diese Verräterei war noch
übrig! Der Nichtswürdige, der mich mit der geheimnis-
vollsten Miene aus einer Straße in die andre, aus einem
Winkel in den andern führte, war gewiß nichts anders als
ein Abgeschickter von ihr. Sehen Sie, liebste Miß, diese List
wandte sie an, mich von Ihnen zu entfernen. Eine plumpe
List, ohne Zweifel; aber eben weil sie so plump war, war ich
weit davon entfernt, sie dafür zu halten. Umsonst muß
sie so treulos nicht gewesen sein! Geschwind, Norton, geh
in ihre Wohnung; laß sie nicht aus den Augen, und halte
sie so lange auf, bis ich nachkomme.
S a r a. Wozu dieses, Mellefont? Ich bitte für Marwood.
M e l l e f o n t. Geh!

(Norton geht ab.)

VIERTER AUFTRITT

Sara. Mellefont. Betty.

S a r a. Lassen Sie doch einen abgematteten Feind, der den
letzten fruchtlosen Sturm gewagt hat, ruhig abziehen. Ich
würde ohne Marwood vieles nicht wissen – –

M e l l e f o n t. Vieles? Was ist das Viele?

S a r a. Was Sie mir selbst nicht gesagt hätten, Mellefont. –
Sie werden stutzig? – Nun wohl, ich will es wieder vergessen, weil Sie doch nicht wollen, daß ich es wissen soll.

M e l l e f o n t. Ich will nicht hoffen, daß Sie etwas zu meinem Nachteile glauben werden, was keinen andern Grund
hat als die Eifersucht einer aufgebrachten Verleumderin.

S a r a. Auf ein andermal hiervon! – Warum aber lassen
Sie es nicht das erste sein, mir von der Gefahr zu sagen,
in der sich Ihr kostbares Leben befunden hat? Ich, Mellefont, ich würde den Stahl geschliffen haben, mit dem Sie
Marwood durchstoßen hätte – –

M e l l e f o n t. Diese Gefahr war so groß nicht. Marwood
ward von einer blinden Wut getrieben, und ich war bei
kaltem Blute. Ihr Angriff also mußte mißlingen – Wenn
ihr ein andrer, auf der Miß Sara gute Meinung von ihrem
Mellefont, nur nicht besser gelungen ist! Fast muß ich es
fürchten – Nein, liebste Miß, verschweigen Sie mir es
nicht länger, was Sie von ihr wollen erfahren haben.

S a r a. Nun wohl. – Wenn ich noch den geringsten Zweifel
an Ihrer Liebe gehabt hätte, Mellefont, so würde mir ihn
die tobende Marwood benommen haben. Sie muß es gewiß wissen, daß sie durch mich um das Kostbarste gekommen sei; denn ein ungewisser Verlust würde sie be-
dächtiger haben gehen lassen.

M e l l e f o n t. Bald werde ich also auf ihre blutdürstige Eifersucht, auf ihre ungestüme Frechheit, auf ihre treulose List
einigen Wert legen müssen! – Aber, Miß, Sie wollen mir
wieder ausweichen und mir dasjenige nicht entdecken – – –

S a r a. Ich will es; und was ich sagte, war schon ein näherer
Schritt dazu. Daß mich Mellefont also liebt, ist unwider-
sprechlich gewiß. Wenn ich nur nicht entdeckt hätte, daß
seiner Liebe ein gewisses Vertrauen fehle, welches mir
ebenso schmeichelhaft sein würde als die Liebe selbst.
Kurz, liebster Mellefont – Warum muß mir eine plötzliche Beklemmung das Reden so schwer machen? Ich werde
es schon sagen müssen, ohne viel die behutsamste Wendung zu suchen, mit der ich es Ihnen sagen sollte. –
Marwood erwähnte eines Pfandes, und der schwatzhafte
Norton – vergeben Sie es ihm nur – nannte mir einen

Namen, einen Namen, Mellefont, welcher eine andre
Zärtlichkeit bei Ihnen rege machen muß, als Sie gegen
mich empfinden –

M e l l e f o n t. Ist es möglich? Hat die Unverschämte ihre
eigne Schande bekannt? – Ach, Miß, haben Sie Mitleiden
mit meiner Verwirrung. – Da Sie schon alles wissen, warum wollen Sie es auch noch aus meinem Munde hören?
Sie soll nie vor Ihre Augen kommen, die kleine Unglückliche, der man nichts vorwerfen kann als ihre Mutter.

S a r a. Sie lieben sie also doch? –

M e l l e f o n t. Zu sehr, Miß, zu sehr, als daß ich es leugnen
sollte.

S a r a. Wohl! Mellefont. – Wie sehr liebe ich Sie, auch um
dieser Liebe willen! Sie würden mich empfindlich beleidiget haben, wenn Sie die Sympathie Ihres Bluts aus mir
nachteiligen Bedenklichkeiten verleugnet hätten. Schon
haben Sie mich dadurch beleidiget, daß Sie mir drohen,
sie nicht vor meine Augen kommen zu lassen. Nein, Mellefont; es muß eine von den Versprechungen sein, die Sie
mir vor den Augen des Höchsten angeloben, daß Sie Arabellen nicht von sich lassen wollen. Sie läuft Gefahr, in
den Händen ihrer Mutter ihres Vaters unwürdig zu werden. Brauchen Sie Ihre Rechte über beide, und lassen Sie
mich an die Stelle der Marwood treten. Gönnen Sie mir
das Glück, mir eine Freundin zu erziehen, die Ihnen ihr
Leben zu danken hat; einen Mellefont meines Geschlechts.
Glückliche Tage, wenn mein Vater, wenn Sie, wenn Arabella meine kindliche Ehrfurcht, meine vertrauliche Liebe,
meine sorgsame Freundschaft um die Wette beschäftigen
werden! Glückliche Tage! Aber ach! – sie sind noch fern
in der Zukunft. – Doch vielleicht weiß auch die Zukunft
nichts von ihnen, und sie sind bloß in meiner Begierde
noch Glück! – Empfindungen, Mellefont, nie gefühlte
Empfindungen wenden meine Augen in eine andre Aussicht! Eine dunkle Aussicht in ehrfurchtsvolle Schatten!
– Wie wird mir? – *(Indem sie die Hand vors Gesicht
hält.)*

M e l l e f o n t. Welcher plötzliche Übergang von Bewund-
rung zum Schrecken! – Eile doch, Betty! Schaffe doch
Hilfe! – Was fehlt Ihnen, großmütige Miß! Himmlische

Seele! Warum verbirgt mir diese neidische Hand *(indem er sie wegnimmt)* so holde Blicke? – Ach, es sind Mienen, die den grausamsten Schmerz, aber ungern, verraten! – Und doch ist die Hand neidisch, die mir diese Mienen verbergen will. Soll ich Ihre Schmerzen nicht mitfühlen, Miß? Ich Unglücklicher, daß ich sie nur mitfühlen kann! – Daß ich sie nicht allein fühlen soll! – So eile doch, Betty – –

B e t t y. Wohin soll ich eilen? –

M e l l e f o n t. Du siehst und fragst? – nach Hilfe!

S a r a. Bleib nur! – Es geht vorüber. Ich will Sie nicht wieder erschrecken, Mellefont.

M e l l e f o n t. Betty, was ist ihr geschehen? – Das sind nicht bloße Folgen einer Ohnmacht. –

FÜNFTER AUFTRITT

Norton. Mellefont. Sara. Betty.

M e l l e f o n t. Du kömmst schon wieder, Norton? Recht gut! Du wirst hier nötiger sein.

N o r t o n. Marwood ist fort – –

M e l l e f o n t. Und meine Flüche eilen ihr nach! – Sie ist fort? – Wohin? – Unglück und Tod und, wo möglich, die ganze Hölle möge sich auf ihrem Wege finden! Verzehrend Feuer donnre der Himmel auf sie herab, und unter ihr breche die Erde ein, der weiblichen Ungeheuer größtes zu verschlingen! –

N o r t o n. Sobald sie in ihre Wohnung zurückgekommen, hat sie sich mit Arabellen und ihrem Mädchen in den Wagen geworfen und die Pferde mit verhängtem Zügel davoneilen lassen. Dieser versiegelte Zettel ist von ihr an Sie zurückgeblieben.

M e l l e f o n t *(indem er den Zettel nimmt)*. Er ist an mich. – – Soll ich ihn lesen, Miß?

S a r a. Wenn Sie ruhiger sein werden, Mellefont.

M e l l e f o n t. Ruhiger? Kann ich es werden, ehe ich mich an Marwood gerächet und Sie, teuerste Miß, außer Gefahr weiß?

S a r a. Lassen Sie mich nichts von Rache hören. Die Rache ist nicht unser! – Sie erbrechen ihn doch? – Ach, Melle-

font, warum sind wir zu gewissen Tugenden bei einem
gesunden und seine Kräfte fühlenden Körper weniger als
bei einem siechen und abgematteten aufgelegt? Wie sauer
werden Ihnen Gelassenheit und Sanftmut, und wie un-
natürlich scheint mir des Affekts ungeduldige Hitze! – –
Behalten Sie den Inhalt nur für sich.

M e l l e f o n t. Was ist es für ein Geist, der mich Ihnen un-
gehorsam zu sein zwinget? Ich erbrach ihn wider Willen –
wider Willen muß ich ihn lesen.

S a r a *(indem Mellefont für sich lieset)*. Wie schlau weiß sich
der Mensch zu trennen und aus seinen Leidenschaften ein
von sich unterschiedenes Wesen zu machen, dem er alles
zur Last legen könne, was er bei kaltem Blute selbst nicht
billiget – Mein Salz, Betty! Ich besorge einen neuen
Schreck und werde es nötig haben. – Siehst du, was der
unglückliche Zettel für einen Eindruck auf ihn macht! –
Mellefont! – Sie geraten außer sich! – Mellefont! – Gott!
er erstarrt! – Hier, Betty! Reiche ihm das Salz! – Er hat
es nötiger als ich.

M e l l e f o n t *(der die Betty damit zurückstößt)*. Nicht näher, Unglückliche! – Deine Arzeneien sind Gift! –

S a r a. Was sagen Sie? – Besinnen Sie sich! – Sie verken-
nen sie!

B e t t y. Ich bin Betty, nehmen Sie doch.

M e l l e f o n t. Wünsche dir, Elende, daß du es nicht
wärest! – Eile! fliehe! ehe du in Ermanglung des Schul-
digern das schuldige Opfer meiner Wut wirst!

S a r a. Was für Reden! – Mellefont, liebster Mellefont – –

M e l l e f o n t. Das letzte »liebster Mellefont« aus diesem
göttlichen Munde, und dann ewig nicht mehr! – Zu Ihren Füßen, Sara – – *(Indem er sich niederwirft)* – – Aber
was will ich zu Ihren Füßen? *(und wieder aufspringt.)*
Entdecken? Ich Ihnen entdecken? – Ja, ich will Ihnen
entdecken, Miß, daß Sie mich hassen werden, daß Sie mich
hassen müssen. – Sie sollen den Inhalt nicht erfahren;
nein, von mir nicht! – Aber Sie werden ihn erfahren. –
Sie werden – Was steht ihr noch hier, müßig und ange-
heftet? Lauf, Norton, bring alle Ärzte zusammen! Suche
Hilfe, Betty! Laß die Hilfe so wirksam sein als deinen
Irrtum! – Nein! bleibt hier! Ich gehe selbst. –

S a r a. Wohin, Mellefont? Nach was für Hilfe! Von welchem Irrtume reden Sie?

M e l l e f o n t. Göttliche Hilfe, Sara; oder unmenschliche Rache! – Sie sind verloren, liebste Miß! Auch ich bin verloren! – Daß die Welt mit uns verloren wäre! –

SECHSTER AUFTRITT

Sara. Norton. Betty.

S a r a. Er ist weg? – Ich bin verloren? Was will er damit? Verstehest du ihn, Norton? – Ich bin krank, sehr krank; aber setze das Äußerste, daß ich sterben müsse: bin ich darum verloren? Und was will er denn mit dir, arme Betty? – Du ringst die Hände? Betrübe dich nicht; du hast ihn gewiß nicht beleidiget; er wird sich wieder besinnen. – Hätte er mir doch gefolgt und den Zettel nicht gelesen! Er konnte es ja wohl denken, daß er das letzte Gift der Marwood enthalten müsse. –

B e t t y. Welche schreckliche Vermutung! – Nein; es kann nicht sein; ich glaube es nicht. –

N o r t o n (*welcher nach der Szene zu gegangen*). Der alte Bediente Ihres Vaters, Miß –

S a r a. Laß ihn hereinkommen, Norton!

SIEBENTER AUFTRITT

Waitwell. Sara. Betty. Norton.

S a r a. Es wird dich nach meiner Antwort verlangen, guter Waitwell. Sie ist fertig, bis auf einige Zeilen. – Aber warum so bestürzt? Man hat es dir gewiß gesagt, daß ich krank bin.

W a i t w e l l. Und noch mehr!

S a r a. Gefährlich krank? – Ich schließe es mehr aus der ungestümen Angst des Mellefont, als daß ich es fühle. – Wenn du mit dem unvollendeten Briefe der unglücklichen Sara an den unglücklichern Vater abreisen müßtest, Waitwell? – Laß uns das Beste hoffen! Willst du wohl bis morgen warten? Vielleicht finde ich einige gute Augenblicke,

dich abzufertigen. Itzo möchte ich es nicht imstande sein.
Diese Hand hängt wie tot an der betäubten Seite. – Wenn
der ganze Körper so leicht dahinstirbt wie diese Glieder –
Du bist ein alter Mann, Waitwell, und kannst von deinem
letzten Auftritte nicht weit mehr entfernet sein – Glaube
mir, wenn das, was ich empfinde, Annäherungen des Todes
sind – so sind die Annäherungen des Todes so bitter nicht.
– Ach! – Kehre dich nicht an dieses Ach! Ohne alle unangenehme Empfindung kann es freilich nicht abgehen. Un-
empfindlich konnte der Mensch nicht sein; unleidlich muß
er nicht sein – Aber, Betty, warum hörst du noch nicht auf,
dich so untröstlich zu bezeigen?

B e t t y. Erlauben Sie mir, Miß, erlauben Sie mir, daß ich
mich aus Ihren Augen entfernen darf.

S a r a. Geh nur; ich weiß wohl, es ist nicht eines jeden Sache,
um Sterbende zu sein. Waitwell soll bei mir bleiben. Auch
du, Norton, wirst mir einen Gefallen erweisen, wenn du
dich nach deinem Herrn umsiehst. Ich sehne mich nach
seiner Gegenwart.

B e t t y *(im Abgehn)*. Ach! Norton, ich nahm die Arzenei
aus den Händen der Marwood! – –

ACHTER AUFTRITT

Waitwell. Sara.

S a r a. Waitwell, wenn du mir die Liebe erzeigen und bei
mir bleiben willst, so laß mich kein so wehmütiges Gesicht sehen. Du verstummst? – Sprich doch! Und wenn ich
bitten darf, sprich von meinem Vater. Wiederhole mir alles, was du mir vor einigen Stunden Tröstliches sagtest.
Wiederhole mir, daß mein Vater versöhnt ist und mir vergeben hat. Wiederhole es mir, und füge hinzu, daß der
ewige himmlische Vater nicht grausamer sein könne. –
Nicht wahr, ich kann hierauf sterben? Wenn ich vor deiner Ankunft in diese Umstände gekommen wäre, wie
würde es mit mir ausgesehen haben! Ich würde verzwei-
felt sein, Waitwell. Mit dem Hasse desjenigen beladen
aus der Welt zu gehen, der wider seine Natur handelt,
wenn er uns hassen muß – Was für ein Gedanke! Sag

ihm, daß ich in den lebhaftesten Empfindungen der Reue,
Dankbarkeit und Liebe gestorben sei. Sag ihm – Ach! daß
ich es ihm nicht selbst sagen soll, wie voll mein Herz von
seinen Wohltaten ist! Das Leben war das Geringste derselben. Wie sehr wünschte ich, den schmachtenden Rest zu
seinen Füßen aufgeben zu können!

W a i t w e l l. Wünschen Sie wirklich, Miß, ihn zu sehen?

S a r a. Endlich sprichst du, um an meinem sehnlichsten Verlangen, an meinem letzten Verlangen zu zweifeln.

W a i t w e l l. Wo soll ich die Worte finden, die ich schon so
lange suche? Eine plötzliche Freude ist so gefährlich als
ein plötzlicher Schreck. Ich fürchte mich nur vor dem allzu
gewaltsamen Eindrucke, den sein unvermuteter Anblick
auf einen so zärtlichen Geist machen möchte.

S a r a. Wie meist du das? Wessen unvermuteter Anblick? –

W a i t w e l l. Der gewünschte, Miß! – Fassen Sie sich!

NEUNTER AUFTRITT

Sir William Sampson. Sara. Waitwell.

S i r   W i l l i a m. Du bleibst mir viel zu lange, Waitwell.
Ich muß sie sehen.

S a r a. Wessen Stimme – – –

S i r   W i l l i a m. Ach, meine Tochter!

S a r a. Ach, mein Vater! – Hilf mir auf, Waitwell, hilf mir
auf, daß ich mich zu seinen Füßen werfen kann. *(Sie will
aufstehen und fällt aus Schwachheit in den Lehnstuhl zurück.)* Er ist es doch? Oder ist es eine erquickende Erschei-
nung, vom Himmel gesandt, gleich jenem Engel, der den
Starken zu stärken kam? – Segne mich, wer du auch
seist, ein Bote des Höchsten, in der Gestalt meines Vaters
oder selbst mein Vater!

S i r   W i l l i a m. Gott segne dich, meine Tochter! – Bleib
ruhig. *(Indem sie es nochmals versuchen will, vor ihm nie-
derzufallen.)* Ein andermal, bei mehrern Kräften, will ich
dich nicht ungern mein zitterndes Knie umfassen sehen.

S a r a. Jetzt, mein Vater, oder niemals. Bald werde ich
nicht mehr sein! Zu glücklich, wenn ich noch einige Augenblicke gewinne, Ihnen die Empfindungen meines Herzens

zu entdecken. Doch nicht Augenblicke, lange Tage, ein noch-
maliges Leben würde erfodert, alles zu sagen, was eine
schuldige, eine reuende, eine gestrafte Tochter einem be-
leidigten, einem großmütigen, einem zärtlichen Vater
sagen kann. Mein Fehler, Ihre Vergebung – –

Sir William. Mache dir aus einer Schwachheit keinen
Vorwurf und mir aus einer Schuldigkeit kein Verdienst.
Wenn du mich an mein Vergeben erinnerst, so erinnerst
du mich auch daran, daß ich damit gezaudert habe. Warum vergab ich dir nicht gleich? Warum setzte ich dich in
die Notwendigkeit, mich zu fliehen? Und noch heute, da
ich dir schon vergeben hatte, was zwang mich, erst eine
Antwort von dir zu erwarten? Itzt könnte ich dich schon
einen Tag wieder genossen haben, wenn ich sogleich deinen Umarmungen zugeeilet wäre. Ein heimlicher Unwille
mußte in einer der verborgensten Falten des betrognen
Herzens zurückgeblieben sein, daß ich vorher deiner fort-
dauernden Liebe gewiß sein wollte, ehe ich dir die meinige wiederschenkte. Soll ein Vater so eigennützig handeln? Sollen wir nur die lieben, die uns lieben? Tadle
mich, liebste Sara, tadle mich; ich sahe mehr auf meine
Freude an dir als auf dich selbst. – Und wenn ich sie
verlieren sollte, diese Freude? – Aber wer sagt es denn,
daß ich sie verlieren soll? Du wirst leben; du wirst noch
lange leben! Entschlage dich aller schwarzen Gedanken.
Mellefont macht die Gefahr größer, als sie ist. Er brachte
das ganze Haus in Aufruhr und eilte selbst, Ärzte aufzusuchen, die er in diesem armseligen Flecken vielleicht nicht
finden wird. Ich sahe seine stürmische Angst, seine hoff-
nungslose Betrübnis, ohne von ihm gesehen zu werden.
Nun weiß ich es, daß er dich aufrichtig liebet; nun gönne
ich dich ihm. Hier will ich ihn erwarten und deine Hand
in seine Hand legen. Was ich sonst nur gedrungen getan
hätte, tue ich nun gern, da ich sehe, wie teuer du ihm
bist. – Ist es wahr, daß es Marwood selbst gewesen ist,
die dir dieses Schrecken verursacht hat? So viel habe ich
aus den Klagen deiner Betty verstehen können und mehr
nicht. – Doch was forsche ich nach den Ursachen deiner
Unpäßlichkeit, da ich nur auf die Mittel, ihr abzuhelfen,
bedacht sein sollte. Ich sehe, du wirst von Augenblicke zu

Augenblick schwächer, ich seh es und bleibe hilflos stehen.
Was soll ich tun, Waitwell? Wohin soll ich laufen? Was
soll ich daran wenden? mein Vermögen? mein Leben?
Sage doch!

S a r a. Bester Vater, alle Hilfe würde vergebens sein. Auch
die unschätzbarste würde vergebens sein, die Sie mit Ihrem Leben für mich erkaufen wollten.

ZEHNTER AUFTRITT

Mellefont. Sara. Sir William. Waitwell.

M e l l e f o n t. Ich wag' es, den Fuß wieder in dieses Zimmer zu setzen? Lebt sie noch?

S a r a. Treten Sie näher, Mellefont.

M e l l e f o n t. Ich sollt' Ihr Angesicht wiedersehen? Nein,
Miß; ich komme ohne Trost, ohne Hilfe zurück. Die Verzweiflung allein bringt mich zurück – Aber wen seh ich?
Sie, Sir? Unglücklicher Vater! Sie sind zu einer schrecklichen Szene gekommen. Warum kamen Sie nicht eher?
Sie kommen zu spät, Ihre Tochter zu retten! Aber – nur
getrost! – sich gerächet zu sehen, dazu sollen Sie nicht zu
spät gekommen sein.

S i r   W i l l i a m. Erinnern Sie sich, Mellefont, in diesem
Augenblicke nicht, daß wir Feinde gewesen sind! Wir sind
es nicht mehr und wollen es nie wieder werden. Erhalten
Sie mir nur eine Tochter, und Sie sollen sich selbst eine
Gattin erhalten haben.

M e l l e f o n t. Machen Sie mich zu Gott, und wiederholen
Sie dann Ihre Forderung. – Ich habe Ihnen, Miß, schon
zu viel Unglück zugezogen, als daß ich mich bedenken
dürfte, Ihnen auch das letzte anzukündigen: Sie müssen
sterben. Und wissen Sie, durch wessen Hand Sie sterben?

S a r a. Ich will es nicht wissen, und es ist mir schon zu viel,
daß ich es argwöhnen kann.

M e l l e f o n t. Sie müssen es wissen; denn wer könnte mir
dafür stehen, daß Sie nicht falsch argwöhnten? Dies
schreibet Marwood. *(Er lieset.)* »Wenn Sie diesen Zettel
lesen werden, Mellefont, wird Ihre Untreue in dem An-
lasse derselben schon bestraft sein. Ich hatte mich ihr ent-

deckt, und vor Schrecken war sie in Ohnmacht gefallen. Betty gab sich alle Mühe, sie wieder zu sich selbst zu bringen. Ich ward gewahr, daß sie ein Kordialpulver beiseite legte, und hatte den glücklichen Einfall, es mit einem Giftpulver zu vertauschen. Ich stellte mich gerührt und dienstfertig und machte es selbst zurechte. Ich sah es ihr geben und ging triumphierend fort. Rache und Wut haben mich zu einer Mörderin gemacht; ich will aber keine von den gemeinen Mörderinnen sein, die sich ihrer Tat nicht zu rühmen wagen. Ich bin auf dem Wege nach Dover: Sie können mich verfolgen und meine eigne Hand wider mich zeugen lassen. Komme ich unverfolgt in den Hafen, so will ich Arabellen unverletzt zurücklassen. Bis dahin aber werde ich sie als einen Geisel betrachten. Marwood.« – Nun wissen Sie alles, Miß. Hier, Sir, verwahren Sie dieses Papier. Sie müssen die Mörderin zur Strafe ziehen lassen, und dazu ist es Ihnen unentbehrlich. – Wie erstarrt er dasteht!

S a r a. Geben Sie mir dieses Papier, Mellefont. Ich will mich mit meinen Augen überzeugen. *(Er gibt es ihr, und sie sieht es einen Augenblick an.)* Werde ich so viel Kräfte noch haben? *(Zerreißt es.)*

M e l l e f o n t. Was machen Sie, Miß!

S a r a. Marwood wird ihrem Schicksale nicht entgehen; aber weder Sie noch mein Vater sollen ihre Ankläger werden. Ich sterbe und vergeb es der Hand, durch die mich Gott heimsucht. – Ach, mein Vater, welcher finstere Schmerz hat sich Ihrer bemächtiget? – Noch liebe ich Sie, Mellefont, und wenn Sie lieben ein Verbrechen ist, wie schuldig werde ich in jener Welt erscheinen! – Wenn ich hoffen dürfte, liebster Vater, daß Sie einen Sohn anstatt einer Tochter annehmen wollten! Und auch eine Tochter wird Ihnen mit ihm nicht fehlen, wenn Sie Arabellen dafür erkennen wollen. Sie müssen sie zurückholen, Mellefont; und die Mutter mag entfliehen. – Da mich mein Vater liebt, warum soll es mir nicht erlaubt sein, mit seiner Liebe als mit einem Erbteile umzugehen? Ich vermache diese väterliche Liebe Ihnen und Arabellen. Reden Sie dann und wann mit ihr von einer Freundin, aus deren Beispiele sie gegen alle Liebe auf ihrer Hut zu sein lerne.

– Den letzten Segen, mein Vater! – Wer wollte die Fügungen des Höchsten zu richten wagen? – Tröste deinen Herrn, Waitwell. Doch auch du stehst in einem trostlosen Kummer vergraben, der du in mir weder Geliebte noch Tochter verlierest? –

S i r W i l l i a m. Wir sollten dir Mut einsprechen, und dein sterbendes Auge spricht ihn uns ein. Nicht mehr meine irdische Tochter, schon halb ein Engel, was vermag der Segen eines wimmernden Vaters auf einen Geist, auf welchen alle Segen des Himmels herabströmen? Laß mir einen Strahl des Lichtes, welches dich über alles Menschliche so weit erhebt. Oder bitte Gott, den Gott, der nichts so gewiß als die Bitten eines frommen Sterbenden erhört, bitte ihn, daß dieser Tag auch der letzte meines Lebens sei.

S a r a. Die bewährte Tugend muß Gott der Welt lange zum Beispiele lassen, und nur die schwache Tugend, die allzu vielen Prüfungen vielleicht unterliegen würde, hebt er plötzlich aus den gefährlichen Schranken – Wem fließen diese Tränen, mein Vater? Sie fallen als feurige Tropfen auf mein Herz; und doch – doch sind sie mir minder schrecklich als die stumme Verzweiflung. Entreißen Sie sich ihr, Mellefont! – Mein Auge bricht – Dies war der letzte Seufzer! – Noch denke ich an Betty und verstehe nun ihr ängstliches Händeringen. Das arme Mädchen! Daß ihr ja niemand eine Unvorsichtigkeit vorwerfe, die durch ihr Herz ohne Falsch und also auch ohne Argwohn der Falschheit entschuldiget wird. – Der Augenblick ist da! Mellefont – mein Vater –

M e l l e f o n t. Sie stirbt! – Ach! diese kalte Hand noch einmal zu küssen. *(Indem er zu ihren Füßen fällt.)* – Nein, ich will es nicht wagen, sie zu berühren. Die gemeine Sage schreckt mich, daß der Körper eines Erschlagenen durch die Berührung seines Mörders zu bluten anfange. Und wer ist ihr Mörder? Bin ich es nicht mehr als Marwood? *(Steht auf.)* – Nun ist sie tot, Sir; nun hört sie uns nicht mehr: nun verfluchen Sie mich! Lassen Sie Ihren Schmerz in verdiente Verwünschungen aus! Es müsse keine mein Haupt verfehlen, und die gräßlichste derselben müsse gedoppelt erfüllt werden! – Was schweigen Sie noch? Sie

ist tot; sie ist gewiß tot! Nun bin ich wieder nichts als
Mellefont. Ich bin nicht mehr der Geliebte einer zärtlichen
Tochter, die Sie in ihm zu schonen Ursach' hätten. – Was
ist das? Ich will nicht, daß Sie einen barmherzigen Blick
auf mich werfen sollen! Das ist Ihre Tochter! Ich bin ihr
Verführer! Denken Sie nach, Sir! – Wie soll ich Ihre
Wut besser reizen? Diese blühende Schönheit, über die Sie
allein ein Recht hatten, ward wider Ihren Willen mein
Raub! Meinetwegen vergaß sich diese unerfahrne Tugend!
Meinetwegen riß sie sich aus den Armen eines geliebten
Vaters! Meinetwegen mußte sie sterben! – Sie machen mich
mit Ihrer Langmut ungeduldig, Sir! Lassen Sie mich es
hören, daß Sie Vater sind.

S i r W i l l i a m. Ich bin Vater, Mellefont, und bin es zu
sehr, als daß ich den letzten Willen meiner Tochter nicht
verehren sollte. – Laß dich umarmen, mein Sohn, den
ich teurer nicht erkaufen konnte!

M e l l e f o n t. Nicht so, Sir! Diese Heilige befahl mehr, als
die menschliche Natur vermag! Sie können mein Vater
nicht sein. – Sehen Sie, Sir *(indem er den Dolch aus dem
Busen zieht)*, dieses ist der Dolch, den Marwood heute
auf mich zuckte. Zu meinem Unglücke mußte sie mich ent-
waffnen. Wenn ich als das schuldige Opfer ihrer Eifersucht gefallen wäre, so lebte Sara noch. Sie hätten Ihre
Tochter noch und hätten sie ohne Mellefont. Es stehet bei
mir nicht, das Geschehene ungeschehen zu machen; aber
mich wegen des Geschehenen zu strafen – das steht bei
mir! *(Er ersticht sich und fällt an dem Stuhle der Sara
nieder.)*

S i r W i l l i a m. Halt ihn, Waitwell! – Was für ein neuer
Streich auf mein gebeugtes Haupt! – Oh! wenn das dritte
hier erkaltende Herz das meine wäre!

M e l l e f o n t *(sterbend)*. Ich fühl es – daß ich nicht fehl-
gestoßen habe! – Wollen Sie mich nun Ihren Sohn nennen, Sir, und mir als diesem die Hand drücken, so sterb
ich zufrieden. *(Sir William umarmt ihn.)* – Sie haben von
einer Arabella gehört, für die die sterbende Sara Sie bat.
Ich würde auch für sie bitten – aber sie ist der Marwood
Kind sowohl als meines – Was für fremde Empfindungen ergreifen mich! – Gnade! o Schöpfer, Gnade!

Sir William. Wenn fremde Bitten itzt kräftig sind,
Waitwell, so laßt uns ihm diese Gnade erbitten helfen!
Er stirbt! Ach, er war mehr unglücklich als lasterhaft. – –

EILFTER AUFTRITT

Norton. Die Vorigen.

Norton. Ärzte, Sir. –
Sir William. Wenn sie Wunder tun können, so laß sie
hereinkommen! – Laß mich nicht länger, Waitwell, bei
diesem tötenden Anblicke verweilen. Ein Grab soll beide
umschließen. Komm, schleunige Anstalt zu machen, und
dann laß uns auf Arabellen denken. Sie sei, wer sie sei:
sie ist ein Vermächtnis meiner Tochter.

> *(Sie gehen ab, und das Theater fällt zu.)*
> *(Ende des Trauerspiels.)*

NACHBEMERKUNG

> »Ein bürgerliches Trauerspiel! Mein Gott! Findet
> man in Gottscheds kritischer Dichtkunst ein Wort
> von so einem Dinge?«
>
> (Vgl. E. Schmidt, *Lessing*, Bd. 1, S. 272)

Die vorliegende Textfassung folgt der letzten zu Lessings
Lebzeiten veranstalteten Ausgabe von 1772. Hier ist im Un-
tertitel das Epitheton gestrichen, das in der Erstfassung von
1755 noch stand: »bürgerlich« (am Schluß hieß es: »Ende des
bürgerlichen Trauerspiels«). Die Gründe der Tilgung sind
nicht untersucht (und wohl auch nicht ermittelbar).
»Bürgerlich« stand nicht, weil die Figuren des Stückes Bürger
im soziologischen Sinn wären. Zumindest der Vater der Pro-
tagonistin ist adlig, Baronet, berechtigt, das »Sir« vor dem
Namen zu führen. »Bürgerlich« ist das Trauerspiel, wie Erich
Schmidt in seiner *Lessing*-Biographie (Bd. 1, Berlin 1884,
S. 277) schreibt, »als ein Stück modernen familiären Lebens
mit Konflikten des Gewissens«. Dargestellt werden persön-
liche, intime Probleme einzelner Privatleute, nicht öffentliche
»Haupt- und Staatsaktionen« wie in der hohen Tragödie.
Die Beziehung zur bürgerlichen Welt als politisch-sozialer ist
vermittelt. Die ›Konflikte des Gewissens‹ entstehen nicht als
quasi reine, immer menschliche; ihre konkrete Form gewin-
nen sie – das zeigt die bei aller Stilisierung doch ›realistische‹
Gestaltung – durch die geschichtliche Situation um die Mitte
des aufklärenden Jahrhunderts. Es geht um Liebe in ihren
unterschiedlichen, gesellschaftlich geprägten Formen: da gibt
es die Liebe und Sorge des aufgeklärt-vernünftigen, humanen
Vaters; der empfindsamen Tochter zum Vater und zum Liebhaber; diesen unentschlossenen Liebhaber als Verführer und
Verführten (s. S. 9); die Marwood als Verlassene, die auf ihr

abstraktes Recht der Versorgung pocht. Insofern als die Subjekte mit ihren Wünschen, die von ihrer Welt bestimmt sind, an eben dieser Welt zerbrechen, ist eine konkrete Bezogenheit auf die Zeit vorhanden. Dieses frühe Stück ist aber noch nicht »geschmiedet als eine Waffe des Klassenkampfes« (Franz Mehring, *Die Lessing-Legende*, hrsg. von Rainer Gruenter, Berlin 1972, S. 276), es ist auch nicht »aus bewußtem Klassengegensatz entstanden« (Georg Lukács, *Schriften zur Literatursoziologie*, hrsg. von Peter Ch. Ludz, Neuwied 1961, S. 277). Deshalb kann es trotzdem, wenn es das überhaupt gegeben hat, als »eine Etappe im Emanzipationskampfe der bürgerlichen Klassen« (Mehring, S. 275) begriffen werden. Gezeigt wird, wie die Figuren an den Folgen ihrer eigenen Handlungen scheitern: es sind die »ehemaligen Ausschweifungen« (S. 17) des adligen oder großbürgerlichen Libertins Mellefont, die wesentlich die Katastrophe verursachen. Das ist das Moderne an diesem Stück, daß die Subjekte nicht einem übermächtigen Schicksal ausgeliefert sind, sondern selbsthandelnd ihren Untergang verschulden (vgl. dazu Jakob Michael Reinhold Lenz, *Anmerkungen übers Theater*, Stuttgart 1976, Reclams Universal-Bibliothek, Nr. 9815 [2], S. 17, 19, 35).

Lessing schrieb das Stück im Frühjahr 1755 innerhalb von sechs Wochen; im Juli wird es von der »Ackermannschen Gesellschaft« in Frankfurt an der Oder aufgeführt im Beisein Lessings: »und die Zuschauer haben drey und eine halbe Stunde zugehört, stille gesessen wie Statüen, und geweint« (Ramler am 27. Juli 1755 an Gleim).

Erwin Leibfried